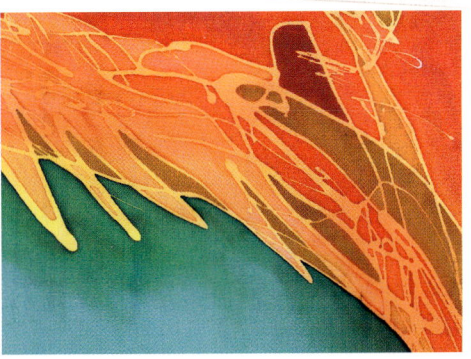

Vorbeugen und heilen mit

Farbtherapie

GESUNDHEITSRATGEBER

Bengt Jacoby/Ingrid Fröhling

Vorbeugen und heilen mit
Farbtherapie

Inhalt

Vorwort

„Man kann einen Menschen nichts lehren.
Man kann ihm nur helfen, es in sich selbst zu entdecken."

GALILEO GALILEI

Das vorliegende Buch bietet eine klare, leicht verständliche und praxisnahe Einführung in die Farbtherapie. Jeder, der sich für Farben und Heilung interessiert, wird mit diesem Ratgeber eine echte Hilfe erhalten. Wir möchten all diejenigen ansprechen, denen es am Herzen liegt, sich mit einfachen Mitteln selbst zu helfen, und die Verantwortung für ihre Gesundheit übernehmen wollen. In der richtigen Wahl und Anwendung der Farbe liegt ein Schlüssel zu Wohlbefinden, Gesundheit und Glück. Menschen mit und ohne Vorkenntnisse, darunter alle, die beruflich mit Farbe zu tun haben – wie Kosmetikerinnen und Friseure –, werden von diesem Buch profitieren. Aber auch Therapeuten, Heilpraktiker, ganzheitlich orientierte Ärzte und Vertreter anderer medizinischer Berufsgruppen erhalten viele wertvolle Therapiehinweise. Auf jeden Fall werden unsere Empfehlungen dem Patienten einiges an Erleichterung und Heilung bringen.

Farbe wirkt auf unseren gesamten Organismus, das heißt, sowohl unser physischer Körper, einschließlich des Immunsystems, als auch unser Gemüt und unsere Gedanken werden von Farbe beeinflusst. Das Verständnis dieser teils komplexen Wirkmechanismen führt uns zu erstaunlich einfachen und in der Praxis leicht anwendbaren Verfahren. Neue wissenschaftliche Forschungen aus dem Bereich der Psycho-Neuro-Immunologie beginnen diese Zusammenhänge zu bestätigen und lassen in der Medizin ein Umdenken erwarten.

Die Farbtherapie stellt ein effektives und vielfältig anwendbares Heilverfahren dar, dessen Anwendungsformen von Haus- und Wohnraumgestaltung über Kleidungswahl bis hin zu Farblichtbestrahlung und Visualisation reichen.

Unser persönliches Anliegen mit dem Buch ist es, den Schatz der Erfahrungen, die wir gesammelt haben, weiterzugeben. Zu diesem gehört, dass es häufig nur kleiner Veränderungen oder einfacher Anwendungen bedarf, um eine große Wirkung zu erzielen. So führt ein höheres Maß an Selbstverantwortung und die Beschäftigung mit Farben zu einer bewussteren Lebensgestaltung und zu mehr Lebensqualität.

Und schließlich: Was könnte angenehmer sein, als sich gesund zu „sehen"!

Unser Dank geht an all diejenigen, die uns bei der Arbeit an diesem Buch durch Rat und Tat unterstützt haben. So danken wir ganz besonders Heike Packebusch für ihre Anregungen und die Bearbeitung der Abbildungen mit den Farbpunktur-Punkten; Dr. Hans Karl Kleudgen, der mit seinen Vorschlägen wesentlich zum Gelingen des Themas Farbpunktur beigetragen hat; Hannelore Biella und Marie-Luise Soltmann für ihre geistige Unterstützung und die Abdruckerlaubnis für das Gedicht „Farben sind wie Geschwister ..."; all unseren Patienten, Schülern und Kursteilnehmern für die gemeinsam gesammelten Erfahrungen, die in dieses Buch eingeflossen sind, und schließlich unserem Lehrer für Traditionelle Chinesische Medizin, Claude Diolosa.

Viel Freude beim Lesen und Anwenden wünschen Bengt Jacoby und Ingrid Fröhling

Einführung

Es gibt Dinge, die wir als so selbstverständlich erleben, dass wir sie gar nicht mehr beachten, und doch könnten wir ohne sie nicht existieren: Licht, Luft, Wasser, Erde, Bewegung, Berührung – um nur einige zu nennen. Diesen „einfachen Dingen" gebührt weit mehr Beachtung als ihnen heute zukommt. Denn sie bilden nicht nur unsere Lebensgrundlage und erhalten unsere Gesundheit, sie können auch heilen.

Wenn wir krank sind, verhalten wir uns oft passiv und erwarten von Ärzten, Heilpraktikern und anderen Therapeuten, dass sie uns gesund machen. Die Medikamente, die wir dann verabreicht bekommen, sind jedoch meist teuer und überwiegend das Ergebnis von enormem Forschungsaufwand, mitunter sogar von Tierversuchen. Viele Menschen haben mehr Vertrauen in ein solches Produkt der Pharmaindustrie als beispielsweise in einen Lichtstrahl.

Durch wirtschaftlichen und gesundheitspolitischen Druck hat ein Umdenken begonnen: Mehr Gesundheitsvorsorge und Selbstverantwortung im Gesundungsprozess heißt die Devise. Dabei werden Fragen nach den Krankheitsursachen und nach den Möglichkeiten des Patienten, die Heilung zu beeinflussen, immer häufiger und ernsthafter gestellt. Auch wenden sich immer mehr Menschen „sanften" und natürlichen Therapieformen zu. Diesen fragenden und suchenden Menschen will der vorliegende Ratgeber Anregungen und Unterstützung bieten.

Licht und Farben besitzen „Heilkräfte", die subtil, aber gleichzeitig äußerst wirkungsvoll sind. Nicht nur unser Körper, sondern auch unsere Seele profitiert davon. Wir spüren dies zum Beispiel am Einfluss der Sonneneinstrahlung zu den verschiedenen Jahreszeiten: Während der graue Winter auf unser Gemüt drückt, weckt ein goldener Herbst unsere Lebenslust. Welch große Rolle Farben in unserem alltäglichen Leben – obgleich meist unbemerkt – spielen, wird an folgenden Beispielen deutlich: Warum schenken wir einem Kranken Freude mit einem bunten Blumenstrauß, fahren ins Grüne zur Erholung, bereiten einen bunten Salat, um unseren Appetit anzuregen – oder werden gar traurig, wenn wir von unserem Fenster aus nur auf graue Betonbauten blicken können? Auch viele Redewendungen unserer Sprache weisen auf die Verbindung zwischen Farbe und Gemütszustand hin, so „sehen wir rot", wenn wir vor Wut fast den Verstand verlieren, oder jemand „sieht schwarz", weil es keine Hoffnung mehr gibt. Mit diesem Ratgeber möchten wir Ihnen eine Anleitung geben, wie Sie die Wirkung und Heilkraft von Licht und Farben bewusst einsetzen können – für ein glücklicheres, erfüllteres Leben, zur Gesundheitsvorsorge und zur Unterstützung der Genesung bei Krankheit.

Farbe in unserem Leben

Ich Prisma bin ins Licht gestellt,
zum Zeugnis einer besseren Welt,
die aus der Dünste trüben Netz
erkennet Gott und Sein Gesetz.

JOHANN WOLFGANG VON GOETHE

Die Sonne, Quelle des Lichts, ermöglicht alles Leben auf unserem Planeten. Pflanzen beispielsweise können Lichtenergie mittels Photosynthese für ihren Stoffwechsel und Aufbau verwerten, wobei der grüne Farbstoff Chlorophyll eine wichtige Rolle spielt. Daneben erfüllen auch die anderen Farben der Pflanzenwelt einen ganz eigennützigen Zweck: Von den bunten Blüten werden Insekten angelockt, die während ihrer Nahrungsaufnahme für die Bestäubung sorgen. Auch im Tierreich spielen Licht und Farben eine wesentliche Rolle. Nicht nur als Nahrungsgrundlage (Pflanzen), sondern auch in der Liebeswerbung oder zur Tarnung sind Farben (über-)lebenswichtig.

Das Sonnenlicht ist natürlich auch für uns Menschen eine fundamentale Bedingung. So können wir beispielsweise einen unserer wichtigsten Sinne – das Sehen – erst dann einsetzen, wenn Licht vorhanden ist.

Alles Sichtbare auf dieser Welt erscheint uns in Farbe. Dass der Wirkung von Farben auf uns kaum Bedeutung beigemessen wird, kann über unsere Abhängigkeit von Farbe und Licht jedoch nicht hinwegtäuschen. Sowohl unser Denken und Fühlen als auch unser Wollen werden nachhaltig von Farben beeinflusst. Das ist durch Selbstversuche leicht nachvollziehbar: Wie fühlen wir uns vor und nach dem Anschauen von farbigen Flächen und Bildern? Wie wirkt das Tragen bestimmter farbiger Kleidung auf uns und andere? Wie reagieren wir auf Werbung bzw. Verpackungen – würden Sie beispielsweise eher ein Waschmittel in schlammbraunem Karton mit violetter Aufschrift oder in blau-weißem Karton mit roter Schrift kaufen? Oder testen Sie die Wirkung auf Ihren Appetit, indem Sie mit Lebensmittelfarben zum Beispiel den Blumenkohl dunkelblau und den Kartoffelsalat braun färben. Wie geht es uns nach mehreren düsteren Nebel- oder Regentagen? Sogar bei Blinden und Farbenblinden entfaltet sich die Wirkung von Farben, weil diese Menschen – wie man festgestellt hat – Farben auch über die Haut erspüren können.

Ein Bereich, in dem Farben eine überaus wichtige Rolle spielen, ist die darstellende Kunst. Wir alle wissen aus eigener Erfahrung, dass Bilder Stimmungen und Gefühle auslösen können. Das Zusammenwirken verschiedener Farben und Formen löst in uns Assoziationen und Erinnerungen aus. Diese Tatsache wird in der Kunsttherapie, die viele Berührungspunkte mit der Farbtherapie hat, bewusst genutzt.

Es liegt auf der Hand, dass man sich der Symbolkraft von Farben auch in der Psychologie bedient. Immer mehr Therapeuten, aber auch Ärzte, Pädagogen und Firmenchefs nehmen Farbtests zur Hilfe, um die Persönlichkeitsstruktur eines Menschen besser analysieren und verstehen zu können. Am bekanntesten dürfte hierbei der Lüscher-Farbtest sein (nach Prof. Max Lüscher). In Handel und Industrie schließlich wird Farbe heute bewusst zur Erhöhung von Motivation, Produktivität und

Sicherheit sowie im Marketing eingesetzt.

Die genannten Beispiele mögen Ihnen veranschaulichen, wie fundamental Farbe in unserer Welt ist. Darüber hinaus machen Farben unser Leben erst bunt, damit interessant und lebenswert. Lassen Sie sich verzaubern von ihrer frohen Vielfalt – und bekennen Sie Farbe!

Die Vorzüge der Farbtherapie

- Farben und Licht stehen uns grundsätzlich als natürliche und kostenfreie „Heilquelle" zur Verfügung.
- Der bewusste Einsatz von Licht und Farben trägt wesentlich zur Erhöhung der Lebensqualität bei.
- Das Erlernen der Farbtherapie erfordert keine besonderen medizinischen oder therapeutischen Vorkenntnisse.
- Die Anwendung der Grundlagen der Farbtherapie ist einfach, ihre positive Wirkung jedoch oftmals erstaunlich.
- Die Farbtherapie ist ungefährlich (also ungiftig, frei von Nebenwirkungen und nicht suchtauslösend) und kann daher auch von Laien risikofrei angewandt werden.
- Die unangenehmen Nebenwirkungen durch Einnahme anderer Medikamente können reduziert werden.
- Im Erkrankungsfall wird die Genesungszeit häufig verkürzt. Die Farbtherapie sollte bei Kranken nur von medizinisch ausgebildeten Personen angewendet werden.
- Die Durchführung der Therapie schult Ihre Aufmerksamkeit, Ihre Menschenkenntnis sowie Ihre Selbstverantwortung.
- Die Farbtherapie ist umweltschonend und preisgünstig in der Anwendung.

Was ist Farbe?

Farben über die
Jahrtausende

Farbe und Licht
aus wissen-
schaftlicher Sicht

Das Farbspektru

Farben über die Jahrtausende

Farben sind wie Geschwister und Freunde:
Sie ziehen sich an, sie drücken sich aus.
Sie begegnen sich, sie sprechen miteinander.
Es sind die irdischen Farben, die sich ihr Kleid
anziehen. Die Menschen, die Tiere und
Pflanzen, auch die Gegenstände dieser Welt
zeigen sich in ihrer Farbenpracht.
Die Erde und der Himmel, das Wasser und die Wolken,
die Sterne in der Nacht und die Sonne am
Morgen. Alle spielen mit den Farben.
Alle Farben sind wie Kinder, die miteinander
spielen. Im Kosmos spielt alles miteinander.

(AUS DER VORSTELLUNG DES BUCHES „DIE KOSMISCHE
FARBLEHRE", VERLAG DAS ZENTRUM DER QUELLE)

Seit Beginn der Menschheitsgeschichte werden Farben als Ausdrucksmittel sowie zur Unterscheidung und Unterstreichung der Zusammengehörigkeit von Nationen, Stämmen, Gemeinschaften, Familien und Persönlichkeiten verwendet. Die Urzeitmenschen bemalten ihre Körper, ihre Höhlen und ihre ersten einfachen Geräte. In schamanischen Traditionen wurden Farben seit eh und je zu Heilzwecken eingesetzt, und in Naturvölkern verwenden heute noch die Medizinmänner die Kraft der Farben, um Heilungsritualen „Gewalt" zu verleihen.

Der Sternenkult der Babylonier ordnete den sieben Planeten verschiedene Farben mit entsprechender Bedeutung zu, beispielsweise Schwarz für Saturn, Hellrot für Mars und Blau für Merkur. Die Ägypter gestalteten ihre Häuser, Tempel und Gräber mit Farben, und auch ihren Göttern wurden bestimmte Farben und damit Eigenschaften zugeschrieben. So war Ra, der Sonnengott, golden – als Ausdruck von Herrlichkeit, und Seth, ein aggressiver und gefährlicher Gott, rot. Amun, dem Mystischen, wiederum wurde Blau zugeordnet.

Farben waren jedoch nicht nur ein wesentlicher Bestandteil der ägyptischen Religion, sie dienten darüber hinaus auch zu Heilzwecken. Dafür wurden in speziell erbauten Tempeln farbige Tücher und kostbare Pigmentfarben verwendet.

Auch in der Bibel findet man mehrfach Texte, in denen von Licht die Rede ist und von Farben, die in Zusammenhang mit Eigenschaften gebracht werden: „Am Anfang schuf Gott Himmel und Erde. Die Erde aber war wüst und leer. Finsternis lag über dem Abgrund, und der Geist Gottes schwebte über den Wassern. Da sprach Gott: ‚Es werde Licht'!" (Genesis 1.1)

Bei Jesaja liest man von „blutroter Sünde" und in der Johannesoffenbarung wird symbolisch von roten, schwarzen und weißen Pferden gesprochen, die für Krieg, Gerechtigkeit sowie für Tod und Hölle stehen. Im Neuen Testament findet man folgende Stelle: „Jesus sagt: Ich bin das Licht, die Wahrheit und das Leben."

Hippokrates, der berühmte Arzt aus dem antiken Griechenland, entwickelte die Vier-

säftelehre, die Bezug nimmt auf die vier Elemente und ihre Farben. Darin ist jedem Säftetyp eine eigene Farbe zugeordnet: rotes Blut, schwarze Galle, gelbe Galle und weißer Schleim. Bei Krankheit bestehe nun ein Ungleichgewicht dieser Säfte, was sich in den Färbungen von Haut, Zunge, Stuhl und Urin zeigen soll. Diese Lehre beeinflusste wesentlich die europäische Medizin in den nächsten 2000 Jahren.

In der Traditionellen Chinesischen Medizin werden den vier Jahreszeiten bestimmte Farben zugeordnet. Hier ist der Frühling grün, der Sommer rot, der Spätsommer gelb. Weiß bzw. Silber steht für den Herbst und Blau-Schwarz für den Winter. Die Farben und ihre jeweiligen Qualitäten wiederum sind mit den fünf Elementen verbunden (Holz steht für den Frühling, Feuer für den Sommer, Erde für den Spätsommer, Metall für den Herbst und Wasser für den Winter). Diese Farbzusammenhänge werden heute noch therapeutisch und diagnostisch genutzt, beispielsweise bei der Gesichtsdiagnose und in der Ernährungstherapie. Darüber hinaus weisen die Tibeter bestimmte Farben und damit Eigenschaften den so genannten Buddha-Familien oder Buddha-Aspekten zu (siehe Literaturverzeichnis). Dies findet Ausdruck in der dreidimensionalen farbigen Darstellung des Universums, dem „Mandala". Mandalas sollen bestimmte Meditationspraktiken und Heilprozesse unterstützen.

In der westlichen nachchristlichen Welt war die Heilkraft von Licht und Farben jedoch viele Jahrhunderte lang fast in Vergessenheit geraten. Bauten die Menschen im antiken Rom noch Solarien, weil sie um die heilsame Wirkung des Sonnenlichts auf den Organismus wussten, hielt man sich später und im übrigen Europa überwiegend von der Sonne fern. Einige wenige, beispielsweise Paracelsus, erkannten zwar schon früh die Heilkraft von Licht und Farben, fanden jedoch keine Erklärung dafür. Erst die physikalischen und optischen Forschungen des Wissenschaftlers Isaac Newton (1643–1727) und etwa 100 Jahre später die eher philosophische „Farbenlehre" von Johann Wolfgang von Goethe rückten die Farben in ein „neues Licht". Fortan maß man diesem Phänomen wieder mehr Bedeutung zu und die Forschung befasste sich nun intensiv damit. Goethes

Farbenlehre ist übrigens auch heute noch wesentlicher Bestandteil der Grundlagen der Farbtherapie.

Im vergangenen Jahrhundert bis heute hin haben sich eine Reihe von fortschrittlichen Medizinern und Forschern näher mit Farbe beschäftigt. Die Wissenschaftler Kirchhoff und Bunsen beispielsweise entwickelten bereits vor über 100 Jahren die sogenannte Spektralanalyse, eine wichtige Forschungsmethode der Chemie, die durch eine genaue Lichtmessung die elementare Zusammensetzung von Stof-

Johann Wolfgang von Goethe trug mit seiner Farbenlehre zur Entwicklung der Farbtherapie bei

fen ermittelt. Wesentlich zur Entwicklung der heutigen Möglichkeiten der Wissenschaft und Farbtherapie trugen weiterhin bei: Joseph von Fraunhofer, Dr. Edwin Babitt, Morchini, Faber Birren, Niels Ryberg Finsen (Nobelpreisträger 1903), Downs, Blunt, Betty Wood, Dr. Georg von Langsdorff, Rudolf Steiner, Bruno Schliephacke, Theo Gimbel, Peter Mandel, Dr. Douglas Backer, Lilly Cornfeld und Christel Heidemann. Ihnen ist es zu verdanken, dass wir in den nächsten Jahrzehnten eine kleine Revolution im Bereich der Medizin erwarten dürfen, denn Farbtherapie gilt bei vielen als *die* Behandlungsform der Zukunft. Ganz besonders bedeutsam sind die neuesten Forschungsergebnisse, zum Beispiel von Prof. F. A. Popp, im Bereich der Zellphysiologie: So hat man festgestellt, dass lebende Zellen selbst minimale Lichtmengen abstrahlen (Biophotonen). Diese Zellstrahlung, auch ultraschwache Luminiszenz genannt, mit ihren unterschiedlichen Frequenzen (Farben) hat eine steuernde Funktion im Organismus. Hierauf lässt sich vielleicht auch die Wirksamkeit der Farbtherapie wissenschaftlich zurückführen.

Diese Beispiele aus der Geschichte bis heute stehen für den religiösen, spirituellen, praktischen und gesundheitsfördernden Einsatz von Farben in allen Ländern, Regionen, Kulturen und Religionen dieser Erde. Die Bedeutung der einzelnen Farben hat sich im Laufe der Geschichte kaum verändert. Und die zugeordneten Farbqualitäten sind trotz enormer geographischer und kultureller Unterschiede im Wesentlichen übereinstimmend.

Farbe und Licht aus wissenschaftlicher Sicht

„Wissenschaft ist der aktuelle Stand des Irrtums."

AUTOR UNBEKANNT

Farbe ist ein Naturphänomen, und ihr Weg von einer Farbquelle bis hin zu unserer Sinneswahrnehmung sehr komplex. Wir unterscheiden dabei folgende Schritte:

1. Licht
2. Reflexion vom Gegenstand
3. Farbe
(elektromagnetische Wellen bestimmter Länge)
4a. Sinneswahrnehmung über die Haut
4b. Der Sehvorgang
(Reizaufnahme durch Sinneszellen in der Netzhaut des Auges, Nervenimpuls wird weitergeleitet, bewusste Wahrnehmung im Sehzentrum, schließlich Verarbeitung bzw. Interpretation in der Großhirnrinde).

Licht

Griechische Philosophen und Naturwissenschaftler aus der Zeit vor Christi Geburt entwickelten die ersten Theorien zu dem Phänomen *Farbe und Sehen*. Pythagoras nahm an, dass Gegenstände Teilchen aussenden und somit sichtbar werden. Plato hingegen war der Meinung, dass die Augen Licht ausströmen, das von den so „belichteten" Dingen reflektiert wird. Aristoteles schließlich behauptete, Licht bestehe nicht aus Teilchen, sondern aus Wellen. In den folgenden 2000 Jahren schwelte ein Streit zwischen den Vertretern der Teilchen- und der Wellentheorie.

Erst zu Beginn unseres Jahrhunderts gelang es Max Planck und Albert Einstein, diese beiden Fronten durch die heute noch gültige Quantentheorie zu versöhnen: Diese bezieht sich auf die Beschaffenheit der gesamten Phänomene dieser Welt und besagt, dass alles aus Energie in verschiedenen Schwingungszuständen besteht. Man spricht in diesem Zusammenhang von Quanten – das sind die kleinsten, nicht mehr teilbaren Einheiten von Energie. Während sich Materie (greifbare Gegenstände) aus Atomen bildet, die wiederum aus relativ langsam schwingenden Quanten zusammengesetzt sind, besteht anderes, Nichtgreifbares wie Elektrizität, Ton und Licht aus schneller schwingenden Quanten. Manche dieser nicht greifbaren Energien können wir mit unseren Sinnen erfassen, meistens jedoch benötigen wir technische Geräte, um diese Schwingungen wahrzunehmen und zu nutzen, wie beispielsweise das Radio. Man nennt diesen Wellenbereich das elektromagnetische Spektrum. Es umfasst kosmische Strahlen, Gamma- und Röntgenstrahlen, ultraviolettes und sichtbares Licht, Infrarotstrahlung, Mikro-, Radar-, Ultrakurz-, Fernseh-, Kurz- und Mittelwellen. (Unsere Erdatmosphäre hält übrigens, sofern sie keine Ozonlöcher aufweist, die für die Erde und ihre Bewohner schädliche Strahlung ab.)

Diese elektromagnetischen Schwingungen setzen sich in Wellenbewegungen fort, in etwa so, wie wenn man einen Stein ins Wasser wirft und sich Wellenkreise bilden – jedoch sehr viel schneller. Die Geschwindigkeit dieser Wellenbewegung nennt man Frequenz (Wellen pro Sekunde), die Höhe der Wellenamplitude zeigt die Wellenstärke an und der Abstand zwischen den Wellen ist die Wellenlänge. Je kürzer die Wellenlänge, desto schneller bewegen sich die Wellen und desto mehr Energie enthalten sie. Solche energiereichen Wellen wie die Röntgenstrahlen können auch schädlich sein. Nimmt andererseits die Wellenlänge ab, verlieren die Wellen ihre elektromagnetischen Eigenschaften und treten als hörbarer Klang auf. Schwingen die Quanten noch langsamer, erreichen wir die Ebene von Molekülen und Atomen, also von Materie. (Diese Erklärung ist zugunsten eines grundsätzlichen Verständnisses sehr vereinfacht.)

Als Beispiel für die Geschwindigkeit von Wellen möge folgender Vergleich dienen: Während Schall sich mit 330 m in der Sekunde fortbewegt, hat Licht eine Geschwindigkeit von 300 000 m in der Sekunde.

Licht verhält sich sowohl wie eine Welle, indem es sich gradlinig in alle Richtungen ausbreitet, als auch wie Teilchen, die beispielsweise von Pflanzen absorbiert werden.

Die Maßeinheit des Lichtes nennt man übrigens Photon (= Lichtquant).

Farbe

Der Forscher und Physiker Isaac Newton (1643–1727) befasste sich auch mit dem Lichtphänomen und entdeckte mithilfe eines Prismas (Körper aus durchsichtigem, lichtbrechendem Material mit drei sich schneidenden Ebenen), dass Sonnenlicht aus den sieben Farben des Regenbogens besteht. Diese so genannten Spektralfarben reichen von Rot, Orange, Gelb, Grün, Blau, Indigo bis Violett und haben eine Wellenlänge von 780 Nanometer (nm) (Rot) bis 380 nm (Violett). Das heißt,

Rot hat die längste Wellenlänge und die niedrigste Frequenz, wohingegen Violett die kürzeste Wellenlänge mit der höchsten Frequenz hat.

Reflexion

Warum erscheinen nun Gegenstände in unterschiedlichen Farben? Durch ihre verschiedene Beschaffenheit absorbieren die Oberflächen bestimmte Anteile des Lichts, während sie die anderen reflektieren, also abstrahlen. Letztlich bestimmen diese Anteile, welche Farben wir sehen. Ein schwarzer Gegenstand beispielsweise absorbiert das gesamte Licht und somit auch seine Energie – und erwärmt sich deshalb.

Der auftreffende Lichtstrahl wird vom Prisma gebrochen – die Farben des Regenbogens entstehen

Im Gegensatz dazu reflektiert ein weißer Gegenstand das gesamte Spektrum und bleibt daher im Verhältnis kühl. Farbige Flächen schließlich reflektieren *die* Farbe, als die sie erscheinen und absorbieren alle anderen Farbanteile des Spektrums!

Der Sehvorgang

Licht, das entweder direkt von seiner Lichtquelle stammt oder das reflektiert wird, gelangt an unser Auge. Hier wird es durch die Linse gebündelt und spiegelverkehrt auf den lichtempfindlichen Sehpurpur der Netzhaut projiziert. Ihre Zellen (Stäbchen und Zapfen) haben die Fähigkeit, bei Lichteinfall jeweils einen elektrischen Impuls auszulösen. Dabei sind es die Stäbchen, die Licht und Dunkel unterscheiden, während die Zapfen das Farbsehen ermöglichen (rot-gelb-grün). Die elektrischen Impulse werden dann vom jeweiligen Sehnerv (Nervus Opticus) der beiden Augen zum Gehirn geführt. Dabei überkreuzen sich diese zwei Bahnen und „projizieren" das Gesehene über den Sehhügel (Thalamus) zum Sehzentrum im Großhirn. Hier wird das Bild dem Menschen „bewusst" und von ihm entsprechend bewertet. Diese Wahrnehmung ermöglicht nicht nur eine allgemeine Orientierung im Raum (motorisches System), sondern beeinflusst auch den Gleichgewichtssinn (Verknüpfung im Kleinhirn), den Muskeltonus sowie die Gefühle des Menschen (im limbischen System). Darüber hinaus weckt das Gesehene Assoziationen, dient der Kommunikation sowie dem Verständnis und regt häufig dazu an, Grundbedürfnisse zu stillen.

Wahrnehmung über die Haut

Licht und Farbe werden ebenso wie vom Auge auch von der Haut wahrgenommen; allerdings nicht so differenziert. Dabei empfangen Rezeptoren der Haut (Zellen, die Reize registrieren) Lichtimpulse, die über Nervenfasern zum Rückenmark gelangen und dann sowohl zum Großhirn als auch zu inneren Organen weitergeleitet werden. Diese Bereiche auf der Haut, die in Verbindung mit inneren Organen stehen, nennt man *Headsche Zonen.* Hiermit lässt sich die Wirkung der Farbtherapie auf Organe wissenschaftlich erklären.

Das Farbspektrum

Licht- und Pigmentfarben

Wie die Überschrift andeutet, unterscheiden wir zwei Arten von Farben. Goethe nannte die Pigmentfarben *stoffliche Farben*; wir möchten diesen Begriff gerne übernehmen, um zu verdeutlichen, dass diese Farben von Stoffen (natürlichen und chemischen Pigmenten) abhängig sind, die Tages- oder künstliches Licht reflektieren. Pigmentfarben können wir also herstellen, mischen und verwenden, beispielsweise zum Malen, Färben und Drucken. Lichtfarben hingegen können nicht aus Stoffen/Pigmenten hergestellt werden, weil sie als Licht bereits vorhanden sind. Das heißt, sie leuchten von sich aus (Sonne) oder können projiziert werden (Taschenlampe mit Farbfilter). Grundsätzlich verhalten sich Farben aus einer Lichtquelle, also körperlose Farben (zum Beispiel farbiges Licht zur Bestrahlung) anders als Pigmentfarben (körperhafte Farben), die nur sichtbar werden, wenn Licht von einem Gegenstand reflektiert wird. Weiterhin unterscheiden sich die beiden Farbarten in ihren sogenannten Primärfarben – also den Grundfarben, aus denen alle anderen Farben (Sekundärfarben) durch Mischung hervorgehen:

■ Die **Primärfarben des Lichts** sind Rot, Grün und Blau. Werden diese Farben zu gleichen Teilen gemischt, ergeben sie weißes Licht.

■ Die **Primärfarben der Pigmente** sind Rot, Gelb und Blau – werden diese gemischt, entsteht Schwarz.

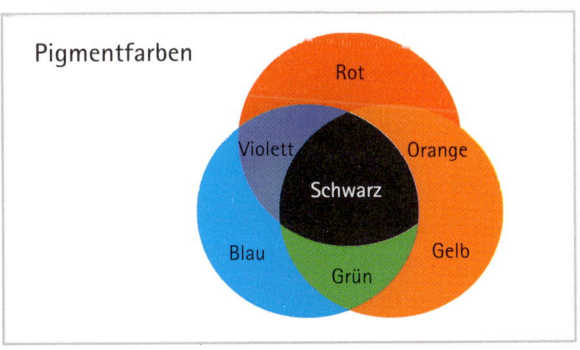

Lichtfarben

Pigmentfarben

Farben und ihre Beziehungen

Mischt man zwei Primär*licht*farben, ergeben sich diese Sekundärfarben:
- Rot und Grün = Gelb,
- Rot und Blau = Violett,
- Grün und Blau = Türkis.

Bei den Primär*pigment*farben entstehen die folgenden Sekundärfarben:
- Rot und Gelb = Orange,
- Rot und Blau = Violett,
- Gelb und Blau = Grün.

Setzt man diese Pigmentfarben in einen Kreis (der Farbkreis von Goethe), stehen sich die jeweils gegensätzlichen Farben (auch Komplementärfarben genannt) gegenüber.

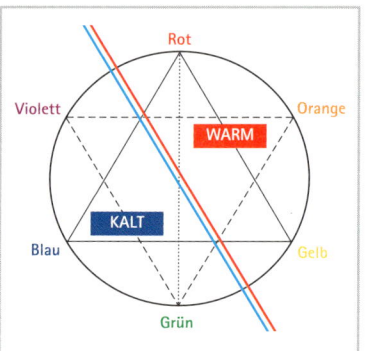

Man kann das Spektrum in warme und kalte Farben unterteilen

Die Komplementärfarben entstehen auch, wenn wir lange genug (circa 30 Sekunden) auf eine Farbfläche schauen und die Augen dann schließen oder zu einer weißen Fläche wechseln. Versuchen Sie es selbst: Betrachten Sie das grüne Laub eines Baumes eine halbe Minute lang und schauen danach auf eine weiße Wand. Sie werden Rot wahrnehmen.

Wenn man weiter zwei Gegenstände oder Flächen mit Komplementärfarben nebeneinanderstellt, verstärken sie sich gegenseitig, und es entsteht ein starker Kontrast. Oder teilt man den Goetheschen Farbkreis durch eine senkrechte Linie von Rot nach Grün, dann entsprechen Rot, Orange und Gelb den warmen Farben, Violett, Blau und Grün hingegen den kalten (siehe Abbildung oben). Diese thermische Wirkung findet allgemeine Verwendung in der Farbtherapie.

Im Goetheschen Farbkreis stehen sich die Komplementärfarben gegenüber

Der Mensch ganzheitlich betrachtet

Was ist Gesundheit?

Das menschliche Energiefeld

Was ist Gesundheit?

Wir alle wollen glücklich sein und unangenehme Erlebnisse vermeiden. Dieses Bestreben ist natürlich und vereint die Menschen aller Zeiten und aller Nationen. Aber nicht immer gelingt es uns in dem Maße, wie wir es uns wünschen. Und häufig tun, denken, fühlen und wollen wir etwas, das uns direkt oder indirekt Unglück und Krankheit beschert. Das liegt meistens daran, dass wir die Dinge nicht sehen, wie sie wirklich sind, sondern unsere Wünsche und Ängste auf andere Menschen und Situationen projizieren.

Um ein erfülltes Leben zu haben und die Gesundheit zu erhalten, ist es notwendig, immer wieder inne zu halten, still zu werden und die jeweilige Lebenssituation möglichst so zu betrachten, wie sie wirklich ist – ohne Beurteilung, ohne Bewertung. In dieser Einkehr bekommen wir Zugang zu unserem eigentlichen Wesen, das unseren Weg genau kennt und das eine unerschöpfliche Quelle von bedingungsloser Liebe ist, die uns erfüllen möchte, sobald wir uns ihr zuwenden. Dann ist auch wahre Gesundheit möglich, die ein Gefühl der tiefen Zufriedenheit und des Glücks einschließt.

Die Weltgesundheitsorganisation WHO (World Health Organisation) definiert „Gesundheit" ebenfalls ganzheitlich: Gesundheit bedeutet vollständiges körperliches, seelisches, geistiges und soziales Wohlbefinden. Demzufolge ist Krankheit (auf Englisch: dis-ease) mehr als eine Störung der Körperfunktionen. Oder anders ausgedrückt: Gesundheit meint Harmonie zwischen den verschiedenen Anteilen und Kräften im Leben eines Menschen, während man Krankheit als eine Disharmonie verstehen kann. Hierzu ein kleiner Vergleich: Keiner käme auf die Idee, einen Schaden am Auto beheben zu wollen, indem er lediglich das Warnsignal abstellt. Denn das eigentliche Problem, die Ursache, bleibt unberührt. Dies kann, um auf die Medizin zurückzukommen, als Beispiel gelten für die Vergeblichkeit, eine Krankheit verstehen und heilen zu wollen, wenn man nur die Symptome bekämpft.

Das, was wir Krankheit nennen, ist die Folge unserer negativen Gefühle und Einstellungen. Dieser Zusammenhang ist nicht nur seit Jahrtausenden bekannt, sondern wurde mittlerweile auch eindeutig von der medizinischen Forschung bestätigt. Schon die Väter der Medizin wie Asklepios, Hippokrates und Paracelsus wussten, dass Krankheit aufgrund einer Disharmonie zwischen Körper, Seele und Geist entsteht. Um dauerhaft Gesundheit zu erhalten und wiederherzustellen, müsste also der ganze Mensch behandelt werden und nicht nur seine Krankheit. Wir können uns die Situation wie eine Pyramide (Hierarchie) vorstellen: An der Spitze befindet sich unser innerster Kern, den wir „das höhere Selbst" nennen können, gefolgt von unseren Gedanken, den Gefühlen, der Lebensenergie und zuletzt dem physischen Körper. Jeder dieser Bereiche hat eigene Gesetze. Wir Menschen hier im Westen betrachten unseren physischen Körper im Licht von Gesetzen der Erde, der Gravitation, der Physik und der Chemie. Diese Lebensanschauung ist im Wesentlichen mechanischer Natur und schließt ein, dass die Funktion der Körperzellen mit dem Alter nachlässt, manche Organe (noch) nicht ersetzbar sind und wir also irgendwann sterben müssen. Wollten wir Gesundheit nur auf dieser Ebene fordern, wie es häufig versucht wird, beständen die Bemühungen lediglich aus mechanischen und chemischen Maßnahmen. Nach diesem materiellen Weltbild ist der Mensch kaum mehr als eine Maschine – die mit Maschinen behandelt wird. Doch scheint dabei „etwas" zu kurz zu kommen, denn es macht sich immer mehr eine Unzufriedenheit über diese sogenannte Apparatemedizin breit.

Das menschliche Energiefeld

Fahren wir nun fort in unserer ganzheitlichen Betrachtungsweise des Menschen und seiner Gesundheit, in der folgende „Körper" unterschieden werden:

1. Physischer Körper
2. Ätherischer Körper
3. Astralkörper
4. Mentalkörper
5. Spiritueller Körper.

Wir gehen davon aus, dass der physische Körper eng mit einem sogenannten ätherischen Körper verbunden ist, der wiederum den physischen umgibt und durchdringt. Dieser ätherische Körper – auch ätherische Aura genannt – schließt mit einem Abstand von wenigen Zentimetern an die Körpergrenze an und lässt sich teilweise mit einer bestimmten Fototechnik, nämlich der Kirlian-Fotografie, nachweisen. Der russische Techniker S. Kirlian hat in den 30er–Jahren diese Methode entdeckt und entwickelt. Es ist dieser „zweite Körper", der den physischen Leib nach dem energetischen Bauplan formt und mit Energie (= Qi oder Chi) versorgt. Der ätherische Körper enthält ebenfalls die Meridiane mit den Akupunkturpunkten.

Es folgt der „dritte Körper", der Gefühls- oder Astralkörper, der in verschiedenen Abstufungen weit über den physischen Körper hinausreicht und mit diesem vor allem über den Hormonhaushalt verbunden ist. Im Gefühlskörper spiegeln sich unsere Emotionen in einer eigenartigen Wechselbeziehung wider.

Der „vierte Körper", auch Mentalkörper genannt, beherbergt die unsichtbaren Energien unserer Gedanken und ist überaus fein, daher nicht so leicht zu erkennen. Dieser Körper kann sich sehr weit ausdehnen.

Unser „fünfter Körper", der als spiritueller Körper oder auch unser „höheres Selbst" bezeichnet wird, ist unser Bewusstsein, unser wahres Selbst, die Verbindung zum Göttlichen. In der religiösen Kunst wurde er als Heiligenschein (Corona) dargestellt. Diese verschiedenen Körper sind nicht wirklich voneinander getrennt, sondern bilden die Ganzheit eines Menschen. Weiter können wir uns vorstellen, dass die Kommunikation mit der Umwelt vor allem mithilfe von „Energierädern" geschieht. Das sind Energiezentren, auch Chakren genannt, die entlang der Wirbelsäule ihren jeweiligen Sitz haben. Obwohl es im gesamten menschlichen Wesen viel mehr solcher Chakren gibt, sind besonders sieben beziehungsweise fünf für uns hier relevant, weil diesen Chakren bestimmte Farben zugeordnet werden.

Während die indische Tradition sieben Chakren mit sieben verschiedenen Farben berücksichtigt, unterscheidet man in anderen Traditionen, zum Beispiel der tibetisch-buddhistischen, fünf Chakren, die für die fünf Buddha-Aspekte stehen. Außerdem werden hier die Farben in Bezug zu den Chakren anders gehandhabt. Wir sind in diesem Ratgeber etwas näher auf die indische Tradition eingegangen, da diese von der westlichen Welt bereits stärker aufgegriffen wurde. Was nicht heißen soll, dass andere Interpretationen keine Gültigkeit haben. Im Gegenteil, alle Auslegungen helfen, bei der ganzheitlichen Betrachtung des Menschen Zusammenhänge klar zu erkennen.

Farbzuordnung in der Chakrenlehre

	Chakren	Farbe	Symbol für
7. Chakra	Scheitelchakra	Violett	Spiritualität
6. Chakra	Stirnchakra	Indigoblau	geistige Kreativität
5. Chakra	Halschakra	Hellblau/Türkis	Ausdruck und Kommunikation
4. Chakra	Herzchakra	Grün/Rosa	Liebe
3. Chakra	Emotionalchakra	Gelb	Selbstwertgefühl
2. Chakra	Sexualchakra	Orange	Sexualität
1. Chakra	Basischakra	Rot	Lebenserhaltungskraft

Eine Aussage haben jedoch alle Traditionen und Interpretationen gemeinsam, nämlich dass Farben generell eine starke Wirkung auf unser Energiesystem haben – sowohl über die Haut als auch über die Augen und ganz besonders über die Chakren und die feinstofflichen Körper, da diese (teilweise als Aura sichtbar) sich selbst in bzw. als Farbe zeigen. Indem wir ganz bewusst die Farben unserer Kleidung, von Accessoires und Edelsteinen oder in der Farbvisualisation auswählen, stärken wir unseren physischen Körper, unsere Chakren und unsere feinstofflichen Körper. Dies wiederum führt zu Zufriedenheit, Glück und Ausgeglichenheit und ist somit die beste Gesundheitsvorsorge.

Für Hellsichtige ist die Aura als farbige Hülle um den Menschen sichtbar. Während allgemein leuchtende, helle Farben in der Aura von Vitalität zeugen, gelten dunkle, schmutzige Farben oder gar Löcher als „ungünstig". Eine gleichmäßige und harmonische Aura mit genügend Ausdehnung wird positiv beurteilt.

Das Aurasehen ist zwar erlernbar, wir möchten an dieser Stelle jedoch davor warnen, es ohne einen vertrauenswürdigen Lehrer zu versuchen, da es nicht ungefährlich ist und höchstes Verantwortungsbewusstsein erfordert. Ohnehin wichtiger als das Aurasehen ist die Entwicklung von menschlichen Qualitäten wie Nächstenliebe, Mitgefühl, Ausdauer und Geduld.

Farbporträts –
Die Wirkung der
Farben

Wovon
die Wirkung
abhängt

Die einzelnen
Farben

Wovon die Wirkung abhängt

*„Farben weisen eine bestimmte Bewegung auf,
die wir durch bloßes Betrachten nachvollziehen und
empfinden können. Diese Eigenbewegung
entspricht jeweils einem bestimmten Platz an der
Wertskala unserer Stimmungen und Gefühle.
Farben sind somit Spiegel und Ausdruck unserer Seele.
Farben haben eine Bedeutung als Symbole allgemein
menschlicher Werte."*

AUS EINER WERBEANZEIGE

In diesem Kapitel stellen wir Ihnen die Farben und ihre Wirkungen vor, wobei wir von allgemeinen Erfahrungswerten ausgehen. Diese ersetzen jedoch auf keinen Fall Ihre ganz eigenen Farberfahrungen und Farbbeziehungen, die Sie sammeln und aufbauen sollten. Außerdem ist die Wirkung einer Farbe abhängig von ihrer Zusammensetzung (Anteile der jeweiligen Primärfarben und Beimischungen von Weiß oder Schwarz) und dem entsprechenden Zusammenhang (Form und Beschaffenheit des farbigen Gegenstandes). Beachten Sie auch das Temperaturverhalten der einzelnen Farben (siehe Goethescher Farbkreis auf Seite 22). Vorab noch eine Erklärung zu unseren Beschreibungen von Menschen mit einer bestimmten Lieblingsfarbe: Oft greifen Menschen gerade zu der Farbe, deren typische Eigenschaften ihnen fehlen, um sich von der Wirkung bewusst unterstützen zu lassen oder um sich zu schützen.

Die einzelnen Farben

Rot

Denken wir an leidenschaftliche Liebe, Blut, Kraft oder Wut, können wir die Energie von Rot spüren. Mit dieser intensiven und stark anregenden Farbe verbinden wir Lebensfreude, Tatkraft, Aktivität, Bewegung, jedoch auch Aggression, Feuer, Leidenschaft, Kampf und Vernichtung. Rot erregt im positiven wie im negativen Sinne: einerseits bedeutet diese Farbe Erwärmung und Anregung, andererseits steht sie aber auch für Entzündung und Überreizung. Nicht umsonst wurden Göttinnen der Fruchtbarkeit rot bemalt oder spricht man von einem Rotlichtviertel, das – moralisch betrachtet – ein Ort der Sünde und Schamlosigkeit ist.

Viele Gemütszustände lassen sich mit unserer Sprache so treffend ausdrücken: Wir „sehen rot", wenn wir eine Gefahr ahnen, oder jemand kann ein „rotes Tuch" für uns sein, er vermag uns also ordentlich in Aufregung und Wut zu versetzen. Andererseits genießen wir die gemütliche Ausstrahlung und wohltuende Wärme der roten Glut im Kamin oder an einem Lagerfeuer. Rot gilt, neben Schwarz, auch als starke Schutzfarbe, allerdings eher im Sinne von Abschreckung. Schließlich ist Rot auch die Farbe des ersten Chakras (Basischakra), jenem Energiezentrum, das den Quell unserer Lebenskraft symbolisiert.

Allgemeine Wirkung

Rot wirkt stark anregend, beschleunigend, tonisierend, durchblutungsfördernd, entwässernd, entstauend und antreibend. Daneben steigert es die Herz- und Pulsfrequenz, erhöht den Blutdruck, steigert die Schmerzbereitschaft, vergrößert das Selbstvertrauen und wirkt Ängsten entgegen. Menschen mit Vorliebe zur roten Farbe gelten landläufig als selbstsicher und optimistisch. Wir haben es hier mit Lebenskünstlern zu tun, die jedoch mit beiden Beinen auf der Erde stehen, Vitalität ausstrahlen und gutes Essen und Trinken lieben.

Die heilende Kraft von Rot

In der Therapie wird Rot eingesetzt

- zur Erneuerung der Lebensenergie und zur Anregung der fünf Sinne,
- zur Anregung des Blutkreislaufes und der Herztätigkeit,
- zur Aktivierung des Stoffwechsels,
- zur Stärkung geschwächter Organe,
- bei Anämie, Leukämie, Knochenbrüchen, Lähmung,
- zur Förderung der Verdauung und Entschlackung,
- bei Müdigkeit, Melancholie und Phlegmatismus,
- bei verstopften Nasen,
- zur Unterstützung der Blutbildung.

Wenn Rotenergie im Körper überwiegt, also bei Überreizungen, Entzündungen, Schwellungen bis hin zu Aggressionen, wird zum Ausgleich unbedingt der Einsatz von Grün (Komplementärfarbe) und Blau erforderlich.

Grün

Natur und irdisches Wachstum sind untrennbar verbunden mit der Farbe Grün. Genauso wie Ruhe, Erholung und Regeneration unvorstellbar sind ohne die Natur, sind sie es auch ohne Grün. Von alters her ist diese Farbe das Symbol für Hoffnung und ewiges Wachstum, für das Immerwährende und Immerwiederkehrende. Somit steht Grün auch für Heilung. Darüber hinaus vermittelt Grün eine beständige Kraft und Geborgenheit und strahlt Zufriedenheit sowie Neutralität aus, was sich auch durch ihre Mischung aus dem warmen Gelb und dem kalten Blau erklären lässt.

Menschen, die Grün bevorzugen, gelten gemeinhin als ruhige, selbstbewusste, naturliebende und solidarische Zeitgenossen.

Grün ist aber auch die Farbe der Galle, die – wenn sie hochkommt – „grün vor Ärger" macht. Und die Redewendung „alle Zeichen stehen auf Grün" meint: Die Chancen für ein Unternehmen sind gut. Die Farbe Grün steht mittlerweile für eine Weltanschauung, die um den Schutz und die Erhaltung des Planeten Erde mit all seinen Lebewesen bemüht ist. Im Zusammenhang mit Umweltschutz fallen einem auch die Bezeichnungen „grüne Tonnen", „grüne Punkte" oder „Grüner Frieden" ein.

Dem Herzzentrum, also dem vierten Chakra, wird in den meisten Überlieferungen Grün zugeordnet, welches somit auch Sinnbild für Nächstenliebe ist, während Rosa für die überpersönliche Liebe steht.

Allgemeine Wirkung

Grün wirkt beruhigend, ausgleichend, harmonisierend, entspannend und vermittelnd. All das, was Rot anregt, kann Grün besänftigen. Während bei stärkerem Blauanteil die beruhigende Wirkung im Vordergrund steht, kann Grün bei vermehrtem Gelbanteil sogar leicht anregen. Gegen Ungeduld, Unzufriedenheit und Unsicherheit hilft Grün durch seinen besänftigenden, nährenden und somit rundum wohltuenden Einfluss. Daher profitieren insbesondere angespannte, cholerische und kämpferisch veranlagte Menschen von der Wirkung dieser Farbe.

Schließlich ist Grün *die* Farbe für das Wohl unserer Augen, indem es bei Überanstrengung und Sehstörungen regenerierend wirkt. Deshalb kann man Menschen, die viel lesen, am Computer arbeiten oder eine Brille tragen, nur empfehlen, ihren Blick häufig zum Fenster hinaus in die Natur oder zumindest auf eine grüne

Zimmerpflanze oder grün gehaltene Bilder zu richten und dort ausruhen zu lassen.

Die heilende Kraft von Grün

In der Therapie wird Grün eingesetzt
- bei den meisten entzündlichen, fiebrigen und mit Schwellungen verbundenen Krankheitsverläufen,
- zur Auflösung von Blutgerinnseln,

Im Grün der Natur kann die Seele zur Ruhe kommen

33

- bei Erkrankungen der Harnwege und der Gallenblase (entgiftend),
- zum Ausgleich bei Beginn einer Farbbehandlung,
- bei Lebensumstellungen, da es neue Orientierung schafft und Entwicklungen anregt,
- zur Stimulierung der Hypophyse und aller anderen Hormondrüsen.

Gelb

Gelb – das ist Licht, strahlender goldener Sonnenschein, Gemütlichkeit, Heiterkeit und Lebensfreude. Dabei verbreitet Gelb eine gemäßigtere Wärme als Rot. Menschen, deren Lieblingsfarbe Gelb ist, lassen auf einen wachen, logischen Verstand und Unterscheidungsvermögen schließen; sie gelten als schöpferisch, erfinderisch, lebensfroh und weltoffen, als kontaktfreudig bis hin zu draufgängerisch und einer steilen Karriere nicht abgeneigt.
Gelb strahlt schwerelos und grenzenlos, steht somit für Freiheit sowie Unabhängigkeit. Außerdem will uns diese Farbe ermutigen, die innere Vereinsamung zu überwinden und auf andere Menschen zuzugehen. Gelb gilt als weibliche Farbe (das männliche

Pendant dazu ist Rot) und symbolisiert den Geist, der keine Grenzen kennt. Die chinesischen Herrscher beanspruchten Gelb als traditionelle Kaiserfarbe – vielleicht wussten sie schon damals, dass gelbe Kleidung kleine Menschen größer erscheinen lässt. Schließlich ist auch die Eifersucht mit Gelb belegt, so tut beispielsweise der Volksmund kund, dass wir „vor Neid ganz gelb" werden können.
Gelb wird (zumindest überwiegend in den westlichen Auslegungen der Chakrenlehre) dem dritten Energiezentrum, dem Sonnengeflecht in der Bauchmitte, zugeordnet. Unser Selbstwertgefühl hat hier seinen Sitz. Durch diese Auslegung erklärt sich auch die Verbindung von Gelb und Neid, denn wer außer unserem Ego könnte sonst wohl neidisch werden!

Allgemeine Wirkung

Mit Gelb lassen sich Blockaden lösen, auch unser Unterbewusstsein spricht auf Gelb an und gibt Einblicke auf Verdrängtes. Daneben ist seine aufheiternde Wirkung bemerkenswert: Erinnern wir uns nur an die schier kindliche Freude über einen hellgelben Sonnenstrahl, der durchs

Novembernebeldickicht dringt, und daran, wie wir uns innerlich wieder aufrichten und unser Gemüt erhellt wird mit den ersten warmen Sonnenstrahlen des Frühlings nach langen, dunklen Wintertagen. Weil auch Kreativität und geistige Arbeit durch Gelb gefördert werden, empfiehlt es sich, den Arbeitsplatz mit vielen gelben Gegenständen oder Dekorationsmaterialien auszustatten und damit „aufzuhellen".

Die heilende Kraft von Gelb

In der Therapie wird Gelb eingesetzt

- zur Anregung der Gehirnfunktionen, der Gedanken, der Kreativität,
- zur Gemütsaufhellung bei Depressionen,
- zur Stärkung des Nervenkostüms,
- gegen Gleichgültigkeit bis hin zur Resignation (Gelb weckt Interesse am eigenen Leben, an der Gegenwart, an anderen Menschen und neuen Themen),
- zur Anregung der Darmtätigkeit sowie der Funktionen von Lymphdrüsen, Nieren, Leber und Schleimhäuten,
- als leicht blutdrucksteigerndes „Mittel",
- zur Klärung unreiner Haut und Förderung des Strukturaufbaus von Narben.

Blau

Blau könnte man auch als das Gegenteil von Gelb bezeichnen. Immerhin verbinden wir mit Blau Empfindungen wie Kühle, Kälte, Introvertiertheit und Distanz. Doch damit ist die Palette an Eigenschaften noch lange nicht erschöpft. Blau steht nicht nur als Symbol für Treue, für das Mythische, Mystische und das Unbewusste, sondern einer Deutung nach auch für geistiges Wachstum, ähnlich wie Gelb. Spontan denken wir bei Blau an den weiten Himmel oder das tiefe Meer. Blau ist Gefühl, Intuition und führt den Menschen in sich hinein, in seine eigene Mitte. Speziell Dunkelblau symbolisiert die Nacht, die uns erholsamen Schlaf schenkt, der wiederum die wichtigste Grundlage (neben Grün) für unsere körperliche wie auch seelische Erholung bildet.

Menschen mit einer Vorliebe für Blautöne gelten als pünktlich, ausgeglichen, zufrieden, sanft, ruhig und introvertiert. Blau kommt in alten Sagen und auch in der christlichen Religion eine große symbolische Bedeutung zu, so ist zum Beispiel der Mantel der Mutter Gottes blau, und Gott erscheint Moses, der auf blauem Grund steht. Doch auch diese Farbe, vor allem in ihren dunklen Tönen, hat ihre Kehrseite. So bringen damit viele das Dunkle, Dunkelheit, Schatten, Argwohn, Angst und Schwermut in Verbindung. „I feel blue" ist eine in englischsprachigen Ländern bekannte Redewendung für eine depressive Verstimmung. Dies betrifft jedoch nicht das Hellblau, die Farbe des fünften Chakras (Kehlkopf-, Halschakra), der unsere Ausdruckskraft und die Fähigkeit zur Kommunikation zugeordnet wird.

Allgemeine Wirkung

Ein helles Blau vermittelt den Eindruck von Frische, Kühle, Sauberkeit und sogar das Gefühl von Weite. Je dunkler diese Farbe ist, desto mehr „geht sie zurück", das heißt sie wird unheimlich, schafft Distanz, Introvertiertheit und fördert Ängste. Blau ist das Symbol für unser Unbewusstes, für das Mystische und gleichzeitig für Treue, für Aufrichtigkeit und Wahrheit, fördert die geistige Klarheit, Erholung, Entspannung und Schlaf.

Die heilende Kraft von Blau

In der Therapie wirkt Blau

- kühlend, zusammenziehend (adstringierend),
- desinfizierend bei entzündlichen und eitrigen Prozessen mit Fieber (Halsentzündungen, Hautjucken, Brand-, Stich-, Schnittwunden und Bissen),
- entspannend und entkrampfend (bei Verspannungen, Leibschmerzen, Koliken, Kopfschmerzen, Migräne),
- beruhigend,
- schweißtreibend,
- blutstillend,
- anregend auf die Zirbeldrüse,
- fiebersenkend.

Orange

Orange hat die stärkste Signalwirkung überhaupt. Aus diesem Grund sind zum Beispiel Fahrzeuge im Straßenbau, ebenso die Schutzkleidung der dort Beschäftigten, meist orangefarben. Auch Kinder werden im Straßen- und Fußgängerverkehr durch orangefarbene Elemente an ihrer Kleidung und den Schultaschen besser geschützt. Ansonsten wirkt ein knalliges Orange als Kleiderfarbe getragen sehr aufdringlich, woge-

Die orange-
farbigen Gewänder
buddhistischer
Mönche symboli-
sieren heitere
Gelassenheit

gen die gedämpfteren Nuancen für Herzenswärme und Offenheit sprechen. Auf jeden Fall wird Lebensfreude ausgedrückt.

Orange, diese Mischung aus Gelb und Rot mit all ihren Eigenschaften, die sich zum Teil auch gegenseitig in der Wirkung auffangen, ist eine überaus heilsame und nährende Farbe. Als Komplementärfarbe zu Blau wirkt Orange einer Überbetonung des Geistes und der Flucht vor der Wirklichkeit entgegen und weckt stattdessen Interesse am Hier und Jetzt.

Orange nährt mit dem lebensnotwendigen Sonnenlicht (Gelb) die urwüchsige Lebenskraft (Rot). Wir spüren dies auch an uns selbst, wenn zum Beispiel eine orangefarbene Tischdecke unseren Appetit anregt. Nicht von ungefähr sind auch die Gewänder der meisten buddhistischen Mönche in Orange gehalten, dieser heiteren und ausgleichenden Farbe, schließlich zählen eine „heitere Gelassenheit" sowie Mitgefühl, also Herzenswärme, zu den erstrebenswerten Zielen im Buddhismus. Orange ist die Farbe des zweiten Energiezentrums (Sexualchakra), das Ausdruck findet in unserer Sexualität.

Allgemeine Wirkung

Orange weckt die Lust am Leben und das Interesse an der Gegenwart, regt den Appetit und die Verdauung an, wirkt mild aufbauend und kräftigend, ist also in jeder Beziehung gesundheitsfördernd. Orange bremst einerseits das Feuer von Rot und gleicht andererseits die eher geringere Aktivität von Gelb aus. Es stützt bei nervlicher Belastung, stärkt bei Erschöpfung, gibt neuen Antrieb, hilft Hemmungen zu überwinden, Verdrängtes anzuschauen und zu heilen und hellt insgesamt die Stimmung auf.

Die heilende Kraft von Orange

In der Therapie wird Orange eingesetzt

- zur Kräftigung und zur Anregung der Tätigkeiten von Lunge und Schilddrüse,
- zur Krampflösung und gegen nervöse Zuckungen,
- zur Anregung der Verdauung und zur Auflösung von Blähungen,
- gegen Magendruck als Stresssymptom,
- bei Abmagerung, allgemein zur Anregung des Appetits,
- gegen depressive Verstimmungen,
- zur Milchbildung in der Stillzeit,

- zur Anregung von Gewebebildung, auch von Knochensubstanz,
- zur Entgiftung,
- als generell lösendes, aktivierendes und kreislaufanregendes „Mittel".

Violett

Violett drückt das Besondere, den Wunsch nach dem Außergewöhnlichen aus. Und es vereint die starken Gegensätze vom kalten Blau und dem warmen/heißen Rot, dessen Feuer gedämpft wird und das die Kälte von Blau schwächt. Dem entsprechend verbindet Violett auch das Weibliche und das Männliche, das Aufsteigende (Rot = Yang) und das Absteigende (Blau = Yin). Weiter sagt uns diese Farbe, dass alles in Beziehung zueinander steht. Violett hebt also Grenzen auf, geht in sogenannte Grenzbereiche hinein und gilt seit jeher als Farbe der Mystiker und des Mysteriösen. Es kann wiederum auch Macht, Distanz und Erhabenheit ausdrücken.
Welche Attribute nun ausschlaggebend dafür waren, dass die „lila Latzhose" zu einem Symbol der Frauenbewegung wurde, sei dahingestellt. Ob bewusst oder unbewusst als Farbe gewählt, steht sie für die männlichen Anteile einer Frau und für die weiblichen Anteile eines Mannes, das heißt beides in einem – die Präsenz beider Potentiale –, die eben nicht unterdrückt, sondern gelebt werden.
Violett wird dem Scheitelchakra, dem siebten Energiezentrum, zugeordnet, das den Zugang zur universellen Kraft und Inspiration, also Eingebung, Erleuchtung oder Begeisterung symbolisiert. Man könnte sogar sagen, dass im siebten Chakra die Grenze zwischen Körper und Geist überschritten wird.

Allgemeine Wirkung

Violett wirkt harmonisierend, fördert die Kreativität und die Intuition. Insbesondere stark materiell orientierte und kopflastige Menschen oder solche, die meinen, immer alles unter Kontrolle haben zu müssen, können davon profitieren. Durch seine verbindende Eigenschaft regt Violett die Kommunikation zwischen den beiden Hirnhälften an, was zu einer besseren Lernfähigkeit führt und Stotterern sowie Legasthenikern helfen kann.

Die heilende Kraft von Violett

In der Therapie wird Violett eingesetzt

- zur Anregung und zum Aufbau der Milz, somit auch
- zur Stimulierung der Bildung von Leukozyten (weiße Blutkörperchen),
- zur Beruhigung des Nervensystems,
- zur Beruhigung der Herz- und Muskelaktivität,
- zur Normalisierung und Stärkung der Bauchspei- chel- und Lymphdrüsen- aktivität,
- zur Anregung der Kommu- nikation zwischen linker und rechter Hirnhälfte,

- bei Epilepsie,
- bei Rheuma und Neuralgien,
- gegen Schlafstörungen und Verspannungen,
- zur Hypnose.

Indigo

Indigo, ein tiefer, dunkler Blauton, ist dem sechsten Energiezentrum, also dem Stirnchakra, zugeordnet. Die- ses steht für die Kraft unserer Gedanken und unseres Geis- tes und schafft die Verbindung zur geistigen Welt. Indigo ist Ausdruck für innere Ruhe und Ausgeglichenheit.

Allgemeine Wirkung

Mit Indigo ist eine noch tiefere Entspannung möglich als mit Blau. Dadurch werden Wahr- nehmung, Intuition und Inspi- ration gefördert, was wiede- rum Offenheit und Hingabe auf dem persönlichen spiritu- ellen Weg erleichtert. Indigo ist auch die Farbe aller Kopf- und der Atmungsorgane.

Die heilende Kraft von Indigo

In der Therapie wird Indigo eingesetzt

- bei Übererregung und Überaktivität,
- zur allgemeinen Beruhi- gung und Schlafförderung,

Eine Jeansmütze in Indigo, einer Farbe, die für Ausgeglichenheit steht

- bei Problemen mit Nase, Hals und Lunge (zum Beispiel Mandelentzündung, Asthma, Tuberkulose, Lungenentzündung),
- zur Blutstillung, Blutreinigung (durch Förderung der Bildung von Phagozyten, den so genannten Fresszellen) und nach Einfluss von Strahlungen (zum Beispiel Röntgenstrahlung),
- bei Augenkrankheiten wie grauer Star,
- bei Ohrenleiden und Schwerhörigkeit.

Türkis

In manchen Chakrenauslegungen ist Türkis die Farbe des Kehlkopfchakras und erweitert damit nur die Deutung von Blau für dieses Energiezentrum. Türkis ist das Symbol der Brücke zwischen Unten und Oben, zwischen Erde und Universum, zwischen Körper und Geist.

Allgemeine Wirkung

Türkis wirkt erfrischend und kühlend. So sind Schwimmbecken türkis gestrichen, um das Wasser noch frischer erscheinen zu lassen. Darüber hinaus unterstützt Türkis mit seinen wechselnden Blauanteilen eine klare sprachliche Ausdrucksweise.

Die heilende Kraft von Türkis

In der Therapie wird Türkis eingesetzt
- wenn die Gedanken unaufhörlich kreisen, man ständig grübelt,
- zur Hautneubildung nach Verbrennungen und zur allgemeinen Hautkräftigung,
- zur Stimulierung des Stoffwechsels im Hinblick auf die Immunabwehr bei Erkrankungen,
- zur Anregung der Thymusdrüse (steigert die Immunabwehr),
- bei Übererregung der Schilddrüse (neben Blau),
- bei übersteigertem sexuellem Trieb,
- gegen Stress und Erschöpfung,
- bei Belastung durch Elektrosmog.

Purpur

Dieser tiefste, dunkelste aller Rottöne liegt im Farbenkreis neben Rot- und Blauviolett, zählt jedoch im Gegensatz zu Violett und trotz seiner vielen Blauanteile noch zu den warmen Farben.

Je nach Lichteinwirkung erscheint Purpur mal bläulicher und kühl, mal rötlicher und warm. Purpurrot ist die charakteristische Farbe der Kaiser und Könige: purpurn sind ihre Mäntel und die Polster ihrer Thronsessel.

Allgemeine Wirkung

Purpur in seiner Ambivalenz hat eine feierliche, geheimnisvolle und ernste Ausstrahlung. Purpur wirkt pracht- und prunkvoll, jedoch auch distanzierend.

Die heilende Kraft von Purpur

In der Therapie wird Purpur eingesetzt
- zur Senkung des Blutdrucks,
- zur Erniedrigung der Herzfrequenz (durch Gefäßerweiterung),
- zur Kräftigung der Venen,
- zur Verringerung der Schmerzempfindlichkeit,
- zur Entspannung und Schlafförderung,
- bei übersteigertem sexuellem Trieb,
- zur Fiebersenkung.

Magenta

In Magenta ist das tiefe Rot mit dem klaren Himmelblau verbunden, trotzdem darf es nicht mit Violett verwechselt werden. Magenta ist heller als Violett und doch nicht Pink.

Allgemeine Wirkung

Magenta schafft ein tiefes Gefühl von Zufriedenheit, es fördert das eigene Empfinden von Ganzsein, die Selbstachtung und die Spiritualität. Wenn Magenta in einer Visualisationsübung als Farbe eingeatmet wird (Ausatmen mit Grün), unterstützt dies das Loslassen von Zwangsvorstellungen und alten Denkmustern. Stehen Veränderungen an, hilft Magenta bei der Neugestaltung.

Die heilende Kraft von Magenta

In der Therapie wird Magenta eingesetzt
- zur Stärkung der Aura,
- zur Stärkung von Herz, Kreislauf und Nieren,
- zur Steigerung der Libido,
- bei Unausgeglichenheit.

Schwarz und Weiß

Diese Farben werden in der Farbtherapie zwar nicht eingesetzt, trotzdem wollen wir sie hier kurz beschreiben. Bei Weiß ist wichtig zu unterscheiden, dass weißes Licht nicht die Spektralfarben enthält, sondern klar und durchsichtig ist. Um Weiß als Farbe wahrzunehmen, benötigen wir einen Gegenstand mit entsprechenden Farbpartikelchen, die Licht reflektieren. Wenn aber im Kapitel Farbvisualisation (siehe Seite 70) davon die Rede ist, sich selbst oder andere Personen mit Licht einzuhüllen, dann ist jenes klare, durchscheinende Licht gemeint. Weißes Licht hingegen ist nicht durchlässig und würde bei einer Visualisation möglicherweise Störungen hervorrufen.

Die Farbe Weiß symbolisiert Reinheit (moralische und klinische), Jungfräulichkeit und Unschuld, ja sogar Heiligkeit. Als Kleiderfarbe getragen will Weiß oft all diese Eigenschaften ausdrücken und „sagt" der Umwelt: Schaut her, ich bin clean, ich verberge nichts. Weiß symbolisiert gleichzeitig alles und nichts. Es lässt alles offen – und schafft Distanz. Auch Schwarz, die Farbe des Verborgenen und Dunklen, wirkt distanziert, wenngleich aus anderer Perspektive. Schwarz gehört nicht zu den Lichtfarben, sondern absorbiert diese alle. Wer keine Stellung beziehen oder „Farbe bekennen" will, tarnt sich am besten mit Schwarz, das als starke Schutzfarbe gilt. Mit schwarzer Kleidung soll Seriosität, vielmehr noch Macht ausgedrückt werden. Besonders stark wirkt da die Kombination mit Weiß.

Schwarz ist auch die Lieblingsfarbe der Teenager, und – Hand aufs Herz – wer hatte nicht seine „schwarze Phase", die sich bis in den Wohnbereich hinein erstreckte? Schwarz „sagt": Ich weiß noch nicht, wohin ich will; es geht niemanden etwas an. Ich bin mir und anderen ein Geheimnis, nun ratet mal schön.

Das heißt, Schwarz signalisiert Unsicherheit und Macht zugleich. In Zeiten dieser inneren und äußeren Suche bietet Schwarz wiederum den nötigen Schutz. Nicht zuletzt steht diese Farbe auch für die Nacht und damit für Schlaf und Regeneration.

Grundsätze
der Farbtherapie

Anwenderkreis und Einsatzgebiete

Wer kann die Farbtherapie anwenden?

Täglich treffen wir Farbentscheidungen bei der Kleiderwahl, beim Einkauf oder bei der Einrichtung der Wohnung. Dies tun wir meist unbewusst, um unser Wohlbefinden zu erhalten und zu steigern. Sind wir erst mit den Farben und ihren Eigenschaften vertrauter geworden, werden wir auch bald lernen, bewusst mit ihnen umzugehen. Der Schritt zur Farbtherapie ist dann nicht mehr weit.

Im Grunde sind alle Menschen, denen das Wohl ihrer Mitmenschen am Herzen liegt und die über Beobachtungsgabe und allgemeine Menschenkenntnisse verfügen, in der Lage, andere mit der Farbtherapie zu behandeln. So ist zum Beispiel allen, die ihre Aufgabe in der Erziehung und Betreuung von Menschen gefunden haben, mit der Farbtherapie ein sanftes und wirksames Mittel in die Hand gegeben. Hierbei muss jedoch beachtet werden, dass nicht die Therapie von Krankheiten im herkömmlichen medizinischen Sinn gemeint ist, sondern die „Seelen- und Körperpflege" sowie die unterstützende Behandlung von Krankheiten (siehe Seite 85–115). Es geht hier beispielsweise darum, durch Wiederherstellung der inneren Harmonie das Immunsystem zu stärken.

An dieser Stelle möchten wir ausdrücklich darauf hinweisen, dass die Behandlung von schweren Erkrankungen immer in die Hand eines Arztes gehört. Bitte prüfen Sie deshalb, ob es im Rahmen Ihrer Tätigkeit möglich ist, die Farbtherapie anzuwenden. Bevor Sie jedoch beginnen, Personen mit der Farbtherapie zu behandeln, sollten Sie genügend eigene Erfahrungen mit Farben gesammelt haben.

Wann wird Farbtherapie eingesetzt?

Da Licht fast immer zur Verfügung steht, kann Farbtherapie prinzipiell jederzeit eingesetzt werden und beispielsweise den allzu schnellen Griff nach einer Schmerztablette verhindern. Auch zeichnet sie sich dadurch aus, dass sie zu Hause und sogar am Arbeitsplatz durchgeführt werden kann. Die Farbtherapie trägt wesentlich zur bewussten, aktiven und selbstverantwortlichen Lebensgestaltung bei. Man kann sie zu folgenden Zwecken einsetzen:

- zur Erhöhung der Lebensqualität,
- zur Erhaltung und Steigerung des allgemeinen Wohlbefindens,
- bei emotionalen und körperlichen Unpässlichkeiten,
- zur Lösung von seelischen Konflikten,
- bei psychosomatischen Beschwerden und Verhaltensstörungen,
- zur Vorbeugung oder im Vorstadium akuter Erkrankungen,
- zur Beschleunigung der Heilung von Krankheiten,
- zur Beruhigung nach Notfällen.

Nicht behandeln sollten Sie: ernste Erkrankungen wie Krebs oder schwere Infektionskrankheiten wie zum Beispiel AIDS, Tuberkulose, Gelbsucht, echte Grippe und Kinderkrankheiten, darunter Masern, Scharlach usw. Das Gleiche gilt für Notfälle (zum Beispiel Krämpfe, Bisse, Blutungen, schwere körperliche Verletzungen, hohes Fieber, psychotische Zustände, Suizidgefahr, Herzinfarkt, Hirnschlag).

Wenn Sie Heilpraktiker oder Arzt sind, wissen Sie, dass bei den oben genannten Krankheiten erst einmal andere medizinische und lebensrettende Maßnahmen infrage kommen.

Später in der Rekonvaleszenz (Genesung) kann die Farbtherapie allerdings eine wertvolle Unterstützung sein und nach vorheriger Rücksprache mit dem Arzt oder Heilpraktiker auch zur medizinischen Therapie begleitend eingesetzt werden.

Risiken, Wechsel- und Nebenwirkungen

Die Farbtherapie zeichnet sich gerade dadurch aus, dass sie frei von Neben- und Wechselwirkungen ist, nicht süchtig macht und bei sachgemäßer Anwendung kein Risiko besteht. Außerdem verträgt sie sich mit anderen Therapien und Medikamenten. Jedoch sollten Sie bei schwerer körperlicher Erkrankung, hohem Fieber oder sehr ausgeprägten Stimmungsschwankungen unbedingt sofort ärztliche oder heilpraktische Hilfe in Anspruch nehmen. Sie können in diesen Fällen die Farbtherapie zusätzlich, begleitend anwenden, um den Heilungsprozess zu beschleunigen.

Wichtige Regeln für den Einsatz einer Farbtherapie:

■ Wie bereits des öfteren erwähnt, muss zuvor immer die Diagnose abgeklärt werden. Denn auch hinter leichten, harmlosen Symptomen kann sich eine schwere Erkrankung verbergen.

■ Allgemeine Vorsicht ist geboten beim Umgang mit elektrischen Geräten. Besondere Vorsichtsmaßnahmen sind in feuchten Räumen zu berücksichtigen. Bitte beachten Sie auch die Vorschriften der Hersteller.

■ Um Verbrennungen zu vermeiden, sollten Sie elektrische Lampen, die heiß werden, nicht zu dicht an die Haut des Behandelten führen. Weiterhin gehören leicht entflammbare Materialien nicht in die nähere Umgebung von Bestrahlungslampen!

■ Wenn eine falsche Farbe gewählt oder zu lange bestrahlt wurde oder die behandelte Person eine sehr schwache Konstitution aufweist, kann es vorkommen, dass *während* der Bestrahlung ein Unbehagen oder Unwohlsein auftaucht. Brechen Sie dann die Farbbestrahlung sofort ab oder wechseln Sie zur Komplementärfarbe (siehe Abbildung auf Seite 22 unten) bzw. zu Grün, das eine ausgleichende Wirkung hat. Ernsthafte Schäden sind hierbei jedoch ausgeschlossen.

■ Auffällige Reaktionen *nach* einer Behandlung mit den richtigen Farben, wie Müdigkeit, verstärktes Träumen, Irri-

47

tationen oder Hautausschläge, sind selten. Diese vorübergehenden Symptome sind Zeichen einer Umstellung und/oder Reinigung im Organismus. Deshalb sind sie als positiv zu bewerten, wenngleich sie doch beobachtet werden sollten. Im Allgemeinen aber fühlt sich die behandelte Person nach einer Bestrahlung wohl und belebt.

■ Richten Sie einen starken Farbstrahl nie direkt in die Augen. Wenn Sie im Gesichtsbereich bestrahlen, setzt die behandelte Person eine Sonnenbrille auf oder schließt die Augen. Im Gegensatz zu UV- und Laserbestrahlung sind durch Farblicht keine Schäden am Auge zu erwarten.

■ In der Regel können Sie, sofern die anderen Hinweise befolgt werden, die Farbtherapie mit jeder anderen Behandlungsform kombinieren. Dies sollte jedoch in Absprache mit Ihrem Arzt oder Heilpraktiker geschehen. Erfahrungsgemäß ist es ungünstig, wenn man zu viele Therapien gleichzeitig durchführt. Mit unangenehmen Wechselwirkungen ist jedoch bei der Farbtherapie nicht zu rechnen.

Farben erspüren (praktische Übungen)

Bevor Sie mit Farbanwendungen bei anderen Menschen beginnen, sollten Sie Ihre eigenen Erfahrungen mit Farben machen, um selbst deren Wirkung zu erleben. Damit stellen Sie eine persönliche Beziehung zu diesem Heilmittel her, was weit mehr bedeutet als jede Beschreibung. Schließlich ist auch zu bedenken, dass es trotz allgemein gültiger Aussagen über Farbwirkungen immer Menschen geben kann, die anders reagieren. Darum möchten wir Sie ermutigen herauszufinden, was die einzelnen Farben *Ihnen* zu sagen haben. Dieses Wissen wiederum wird Sie dabei unterstützen, wenn Sie mit Farbtherapie sich selbst oder andere Personen behandeln wollen. Bei den von uns vorgeschlagenen Übungen möchten wir Ihrer eigenen

Phantasie keine Grenzen setzen. Einige Regeln haben sich jedoch als sinnvoll erwiesen: So ist es zum Beispiel effektiver, wenn Sie sich regelmäßig Zeit für die Übungen nehmen und Vorsorge treffen, dass Sie dabei möglichst nicht gestört werden.

Erste Übung

Nehmen Sie Wasserfarben oder Farbstifte und Papier und füllen Sie die Blätter flächig mit den Ihnen zur Verfügung stehenden Farben aus. Lassen Sie nun die jeweilige Farbe mindestens fünf Minuten auf sich wirken. Anschließend schreiben Sie Ihre Empfindungen und Assoziationen auf. Wenn Sie die Ergebnisse von mehreren Übungen zusammengefasst haben, vergleichen Sie diese mit unseren Farbbeschreibungen.

Sie können die Übung noch ausbauen, indem Sie die von Ihnen gemalten farbigen Flächen eine Minute lang intensiv betrachten und Ihren Blick danach umgehend auf eine weiße Fläche richten. Sie werden erneut Farbe sehen, dieses Mal jedoch die Komplementärfarben zu Ihrem Bild: ohne Farbstift erzeugt und trotzdem sichtbar, mit sehr lichtvollem Charakter.

Eine ähnliche „Farbqualität" wird von Hellsichtigen beschrieben, die die Farben unserer Aura sehen können.

Zweite Übung

Lesen Sie das Kapitel über Farbvisualisation (siehe Seite 70). Visualisieren Sie nun die Farben des Spektrums; erst einzeln auf eine von Ihnen gedachte Leinwand, später dann können Sie die Farben kombinieren und dabei auch alle Regenbogenfarben einbeziehen. Notieren Sie hier ebenfalls wieder nach jeder Übung Ihre Empfindungen und Assoziationen und vergleichen Sie diese mit unseren Farbporträts.

Dritte Übung

Mit einfarbigen Tüchern möglichst einer Stoffqualität (zum Beispiel Seide) können Sie zudem noch die thermische Wirkung von Farben wunderbar erkunden. Nehmen Sie dafür Tücher in den wichtigsten Grund- und Mischfarben (siehe Seite 31–43) mit klaren, kräftigen Tönen und breiten Sie diese nun vor sich aus oder legen Sie sie in einen Korb. Lassen Sie jetzt bei geschlossenen Augen Ihre Hände auswählen. Stellen Sie sich dabei die folgenden Fragen: Welches Tuch kommt mir am wärmsten vor, welches am kühlsten, welches am leichtesten oder am schwersten usw. Legen Sie die Tücher dann der Reihe nach auf die Seite (vielleicht kann Ihnen jemand dabei helfen, denn es wäre gut, die Augen währenddessen geschlossen zu halten). Zum Abschluss vergleichen Sie Ihr Ergebnis mit den Aussagen im Kapitel „Das Farbspektrum" (siehe Seite 21/22) über warme und kalte Farben sowie im Kapitel „Farbporträts" (siehe Seite 29–43).

Mit dieser Übung finden Sie intuitiv heraus, welche Farbe Sie in einem bestimmten Situation oder während einer Unpässlichkeit besonders unterstützen kann. Anstelle von Tüchern können Sie auch farbiges Papier verwenden.

Vierte Übung

Wenn Sie beschlossen haben, sich mit einer bestimmten Farbe auseinanderzusetzen oder damit gezielt zu arbeiten, empfehlen wir Ihnen diese Übung: Stellen Sie eine Farbtafel, die es fertig im Handel gibt (siehe Seite 125) oder die Sie selber gemacht haben, vor sich auf. Nun konzentrieren Sie sich in einer entspannten Haltung auf die Abbildung, schließen halb die Augen und schauen mit „weichem Blick". Sie werden nun mehr sehen als die bloße Farbe: Mit etwas Übung nehmen Sie die Ausstrahlung oder das Energiefeld der Farbe sowie ihre Eigenbewegung wahr. Bleiben Sie einige Minuten in diesem individuellen Zwiegespräch mit der Farbe und öffnen Sie sich für ihre Botschaft.

Die richtige Farbwahl

Die folgenden Hinweise gelten sowohl für die Farbanwendung bei sich selbst als auch bei anderen Personen. Grundsätzlich müssen Sie:
1. das Symptom und das Allgemeinbefinden genaustens beobachten,
2. die Diagnose berücksichtigen und
3. die verschiedenen Farbanwendungen kennen.

Wir unterscheiden an dieser Stelle die Vorgehensweise bei der Eigenbehandlung und die bei der Behandlung anderer Personen. Wollen Sie Farben bei sich selbst anwenden, sollten Sie natürlich genauso sorgsam und verantwortungsvoll vorgehen wie bei anderen. Auf jeden Fall erfordert die Eigenbehandlung eine gesunde Selbsteinschätzung und Selbstbeobachtung. Wenn Sie sich unsicher fühlen, wenden Sie sich besser an einen Farbtherapeuten.

Bei der Behandlung anderer sollten Sie sich in das Befinden der betroffenen Person einfühlen können und Ihr Gegenüber ernst nehmen. Es ist wichtig, dass sich Ihr „Patient" nach dem Gespräch besser und persönlich bestärkt fühlt. Natürlich müssen Sie auch auf das Verhalten hinweisen, das zur Krankheitsentstehung beigetragen hat und motivierende Vorschläge zur Veränderung geben, sofern das möglich ist. Unterstützen Sie die Person, sich mit ihrem Leben zu versöhnen und es selbst in die Hand zu nehmen! Denken Sie auch daran, dass vor allem der jetzige Zustand behandelt wird und nicht vergangene oder zukünftige Situationen. Schließlich ist es noch wichtig, darauf zu achten, nicht die eigene Problematik in die andere Person hinein zu interpretieren.

Klären Sie beim Umgang mit Ihren „Patienten" folgende Fragen:

1. Wie verhält sich der „Patient"?
2. Warum verhält er sich so (Ihrer Meinung nach)?
3. Seit wann fällt Ihnen das Verhalten auf? Gab es während dieser Zeit besondere Vorkommnisse?
4. Gibt es etwas, was die Person sich wünscht oder brauchen könnte?
5. Was mag die Person nicht oder was stört sie?
6. Wie trägt der „Patient" zu seinem Leiden bei?
7. Was tut der „Patient", um sich von seinen Beschwerden zu befreien?

Grundsätzlich müssen Sie unterscheiden, ob es sich um eine Maßnahme handelt, die zur Steigerung und Erhaltung des Wohlbefindens dient, oder um eine Therapie im Krankheitsfall. Bei ernsthaften Erkrankungen vorher unbedingt ärztlichen Rat einholen!

Es gibt verschiedene Möglichkeiten, einen Therapieplan aufzustellen und die Farben, die Sie benutzen wollen, zu bestimmen:

Wenn Sie Ihr Wohlbefinden steigern wollen, befolgen Sie die allgemeinen Hinweise im entsprechenden Kapitel (siehe Seite 77–83).

Bei einem gesundheitlichen Problem (wegen dem Sie unter Umständen in Behandlung bei einem Arzt oder Heilpraktiker sind), schauen Sie im Krankheitsverzeichnis nach (siehe Seite 85–122). Wenn Sie Ihr Krankheitsbild dort nicht finden, sollten Sie Seite 77–83 mit den allgemeinen Hinweisen aufschlagen.

Falls Unklarheiten bei der Farbwahl auftreten, beachten Sie bitte die Hinweise in den Farbporträts (siehe Seite 29–43) und vergleichen sie diese mit Ihren Symptomen. Sollten zu viele Farben auf einen Fall zutreffen, versuchen Sie herauszufinden, welche die wichtigsten sind, und lassen die anderen weg.

Hier noch einige Tipps, um Ihnen die Entscheidung für ein Verfahren zu erleichtern:

▪ Probieren Sie aus, welches Ihnen am ehesten liegt, oder erspüren Sie intuitiv, welche Methode in Ihrem Fall am ehesten Erleichterung bringen kann. Ein wichtiges Leitprinzip ist die einfache und unproblematische Durchführung.

▪ Sie müssen nicht alle Probleme gleichzeitig behandeln, sondern konzentrieren sich jeweils nur auf das, was gerade am stärksten hervorsticht.

▪ Wenn die Situation ganz unklar ist, können Sie auch erst einige Tage Farbvisualisation mit Gold oder Weiß anwenden oder sich bzw. den Patienten mit dem ausgleichenden Grün bestrahlen. Danach wird Ihnen die Entscheidung leichter fallen.

Ablauf einer Farbbehandlung

Wie eine Farbbehandlung abläuft, ist grundsätzlich abhängig von der Diagnose und der gewählten Behandlungsart. Allgemein beginnt eine Behandlung mit der Bitte an den Hilfesuchenden, von seinen Problemen zu sprechen. Nach diesem Spontanbericht stellen Sie gezielte

Fragen, um weitere, für die folgende Anwendung wichtige Informationen zu erhalten (zum Beispiel wann die Beschwerden auftreten bzw. das erste Mal spürbar waren und ob bereits eine ärztliche Diagnose gestellt wurde). Aufgrund dieser Angaben und Ihrem Befund (siehe auch Seite 51) erstellen Sie dann einen Behandlungsplan und wählen eine Anwendungsform aus. Zusätzlich können Sie Farbempfehlungen zur Kleiderwahl und zur Wohnraumgestaltung geben.

Farbvisualisationen kann der Hilfesuchende nach einer ersten Anleitung durch Sie selbst täglich zu Hause durchführen. Für eine Farbbestrahlung benötigen Sie eine Liege, verschiedene Farblampen und einen wohltemperierten ruhigen Raum. Entspannende Musik während der Behandlung wird übrigens zusätzlich als sehr angenehm empfunden. Um eine Farbpunktur durchführen zu können, benötigen Sie ein Farbpunkturgerat, wobei auch eine handliche Taschenlampe mit einem Farbfiltersatz (siehe Bezugsadressen auf Seite 125) diesen Zweck erfüllt. Für die ersten Versuche und Erfahrungen mit dieser Therapieform

genügt es, selbst einen Farbfiltersatz aus transparenten Farbfolien, die in Bastelgeschäften erhältlich sind, herzustellen. Diese Folien gibt es zwar nicht immer in den „Echtfarben" (das heißt, sie weisen nicht die optimale Farbfrequenz auf), doch für den Anfang sind sie gut genug.

Wenn Sie also mit Folie arbeiten wollen, legen Sie die Farbfolienstückchen auf die im Krankheitsverzeichnis (siehe Seite 85 – 119) angegebenen Punkte und bestrahlen diese mit der Taschenlampe. Bitte beachten Sie in jedem Fall die Sicherheitsvorschriften, wie auf Seite 47/48 beschrieben.

Am Ende einer Behandlung, die meist zu einer tiefen Entspannung führt, lassen Sie dem „Patienten" noch etwas Zeit, um nachzuruhen und um aus der Entspannung zurück zum Tagesbewusstsein zu finden. Ein abschließendes Gespräch über die Empfindungen während der Behandlung ist – wenn es gewünscht wird – ebenfalls empfehlenswert. Denn indem der Hilfesuchende seine Gefühle formuliert, kann er den Sinn der Behandlung und die Wirkung von Farben besser verstehen.

Dauer und Häufigkeit der Anwendungen

Die Dauer einer Therapiesitzung beträgt im Allgemeinen etwa eine Stunde. Im Durchschnitt sind zwei bis drei Anwendungen pro Woche empfehlenswert: Dies gilt insbesondere bei seit Jahren bestehenden Beschwerden, wogegen akute Erkrankungen häufiger behandelt werden müssen (gegebenenfalls mehrmals täglich). Davon ausgenommen sind selbstverständlich lebensbedrohliche Krankheiten, die das schnelle Eingreifen des Notarztes erfordern. Die Farbvisualisation kann auch in chronischen Fällen täglich angewendet werden.

Wie lange die Therapie insgesamt dauert, hängt ebenfalls davon ab, ob der Zustand akut/vorübergehend oder chronisch/längerandauernd ist. Grundsätzlich fährt man mit der Anwendung so lange fort, bis eine wesentliche Besserung eingetreten ist und diese stabil bleibt. Bei chronischen Beschwerden kann dies Wochen bis Monate dauern. Während die Wirkung der Farbtherapie sich bei Säuglingen und Kindern meist schnell zeigt, kann sie bei Erwachsenen unter Umständen länger auf sich warten lassen. Sollte eine Besserung jedoch ganz ausbleiben, empfiehlt es sich zu überprüfen, ob die eigentlichen Erkrankungsursachen weiter bestehen. Beispielsweise kann ein Raucher nicht erwarten, dass der chronische Husten geheilt wird, wenn er immer noch raucht. Ansonsten sollten Sie besonders bei schon länger bestehenden Problemen geduldig sein und ruhig abwarten. Solange es sich nicht um schwerwiegende gesundheitliche Störungen handelt (unbedingt abklären) oder gegen diese bereits weitere ärztliche Verfahren angewandt werden, können Sie die Behandlung fortführen.

Wenn sich überhaupt keine Wirkung zeigt, sollten Sie auch noch einmal die Wahl der Farben überprüfen. Es kommt jedoch selten vor, dass auch nach dem zweiten Versuch keine Besserung eintritt. Trotzdem wollen wir nicht verschweigen, dass es auch Fälle gibt, in denen eine Farbtherapie nicht helfen kann.

Anwendungsformen der Farbtherapie

Kleidungswahl

Raumgestaltung

Farbbestrahlung

Farbpunktur

Farbvisualisation

Weitere Anwendungsformen

Kleidungswahl

Farbe drückt aus sich selbst heraus etwas aus –
davon muss man Gebrauch machen.

VINCENT VAN GOGH

Die Farbe unserer Kleidung hat nicht nur eine Wirkung auf andere, sondern auch auf uns selbst – und beides ist gleichermaßen wichtig. Wenngleich die eigene Ausstrahlung in erster Linie vom inneren Wesen, von Wünschen, Gedanken und Gefühlen bestimmt wird, so kann sie dennoch durch die Farben unserer Kleidung betont, gehemmt oder gar verzerrt werden. Dabei können wir Farben auch „benutzen", um Botschaften an andere zu vermitteln und um uns selbst und unser Energiesystem bei bestimmten Vorhaben zu unterstützen. In vielen Bereichen, vor allem in der Werbung und der Politik, wird das Wissen um die Wirkung von Farben ganz gezielt eingesetzt; hierbei vermag Farbe sogar Qualitäten zu verkaufen, die gar nicht vorhanden sind. Aus Amerika stammt die Einteilung der persönlichen Farbtypen in Anlehnung an die vier Jahreszeiten. Zwar liegt der Schwerpunkt dieses Kapitels nicht darin herauszufinden, ob Sie ein Frühlings-, Sommer-, Herbst- oder Wintertyp sind, sondern wir wollen vor allen Dingen die Wirkung von farbigen Kleidungsstücken auf unser Energiesystem und unser Befinden beleuchten. Da jedoch das bewusste Spiel mit den Farben, die nach dieser Jahreszeitenmethode Ihrem Typ zugeordnet sind, Ihre Persönlichkeit und Ausstrahlung betont und dadurch auch wesentlich zu Ihrem Wohlbefinden beiträgt, wollen wir die vier Typen nun kurz vorstellen.

Wintertyp

Der Wintertyp ist der meist verbreitete Typ auf der Welt. Er hat meist dunkelbraune bis tiefschwarze Haare und einen olivfarbenen Teint. Seine Haut nimmt die Sonne gut an, das heißt sie bräunt schnell und langanhaltend. Doch es gibt auch Wintertypen mit ganz heller Haut, die kaum braun wird, beispielsweise viele Asiaten. Die Augenfarbe variiert in allen Blau- und Brauntönen. Die Farben für diesen Typ sind klar und kräftig und vertragen gut einen Stich ins Blaue.

Charakteristisch für den Wintertyp: Kräftige Kontraste zwischen Haaren, Haut und Augen

Empfehlenswert sind Blau bis Türkis, Indigo, Violett, Blaurot, Bordeaux, Flaschengrün, Pink, Magenta, bei Gelb nur weißvermischte Töne wie Zitronengelb, um einige grundlegende Farbnuancen zu nennen. Für den Wintertyp nicht vorteilhaft sind Orange, Beige und Braun. Dafür kommen Tiefschwarz und reines Weiß nur bei ihm so richtig zur Geltung.

Frühlingstyp

Der Frühlingstyp ist meist nicht so eindeutig zu bestimmen wie der Wintertyp, doch wir überlassen diese Frage Ihrer Neugier sowie weiterführender Literatur zu diesem Thema und wollen uns einen typischen „Frühling" herausnehmen. Bei diesem beherrschen helle, glänzende und gelbgrundige Farben das Erscheinungsbild. Das Haar ist überwiegend blond oder hat einen Goldton im dunkleren Haar. Während bei den einen die Haut blass wirkt, wodurch sich Sommersprossen deutlich abheben, zeigt sich bei anderen ein frischer, karottenrot angehauchter Teint. Die Augenfarbe reicht von Türkis bis zu Blaunuancen und von Bernstein bis Grün mit goldenen Sprenkeln.

Helle, leuchtende Farben, meist mit deutlichen Gelbanteilen, schmeicheln dem Frühlingstyp: zum Beispiel Sonnengelb und helles Orange, helle Grüntöne, die diese Jahreszeit als junges Blattgrün präsentiert, dann die Rottöne Lachs, Apricot, Koralle und

Ein leichter, warmer Goldton in Haut und Haar ist typisch für die Frühlingsfrau

57

Der Herbsttyp hat helle Haut, die sich hervorragend mit allen gelblichen Rottönen verträgt

Die typgerechten Farben stammen ebenfalls aus dem Herbstlaub wie Bordeaux, Weinrot, Maisgelb, gedecktes Orange, Mittel- bis Dunkelbeige, Tiefgrün, Oliv, Khaki und Petrol. Dazu kommen Erdfarben in warmen Nuancen wie das Rot bis Rotbraun von Ziegeln und Ton.

Sommertyp

Schließlich gibt es noch den Sommertyp, der in seinen Farben eher dem Wintertyp ähnelt. Der klassische Sommertyp hat als Haarfarbe oft einen Ascheton bis hin zu einem Dunkelbraun, das jedoch nicht so kraftvoll wirkt wie die Brauntöne des Wintertyps. Seine Haut, die Sonne nur selten gut verträgt, ist eher zart und blass bis durchscheinend mit einem bläulichen Schimmer. Blautöne, auch mit

Tomatenrot. Schließlich auch Hellblau und Türkis, dazu Beige und warme, helle Brauntöne.

Herbsttyp

Die Farben des Herbsttyps findet man sozusagen in der breiten Farbpalette des Herbstlaubes wieder. Warme Rot- und Brauntöne überwiegen bei der Haarfarbe, die auch die von Honig haben oder aschblond bis schwarz sein kann. Sommersprossen und ein heller Teint, der sonnenempfindlich ist, bis hin zu einem ständig frischen, goldbraunen Teint charakterisieren die Hautfarbe. Wenn Sie zum Herbsttyp gehören, sind Ihre Augen wahrscheinlich braun, aber auch Grüntöne von Petrol bis goldgesprenkeltes Oliv kommen infrage.

Beim Sommertyp dominieren aschige, bläulich-kühle Nuancen

Grünbeimischungen, überwiegen bei den Augenfarben. Gemeinsam mit dem Wintertyp hat der „Sommer" den blauen Unterton in seinen Idealfarben, jedoch sind die des Sommertyps zarter und gedeckter. Viele Pastellfarben sind darunter wie Rosatöne, helles, rauchiges und Taubenblau, aber auch Flieder, Aubergine, Bordeaux, zarte Blaugrünnuancen, weiche Grautöne und Wollweiß.

Die ungeliebten Farben

Sie sehen, bei jedem Typ sind alle Grundfarben (bis auf Schwarz und Weiß) vertreten, wenngleich in anderen Nuancen. So braucht keiner auf seine Lieblingsfarbe zu verzichten! Was hat es nun aber mit den Farben auf sich, die wir nicht ausstehen können, auch wenn sie zu unserem Farbtyp gehören? Es kann sehr aufschlussreich sein, sich mit einer solchen ungeliebten Farbe einmal näher zu befassen. Denn meistens fehlt es uns gerade an dem Potential dieser Farbe, oder wir trauen uns nicht, die von ihr symbolisierten Eigenschaften zu leben. Am Beispiel von Rot soll dies einmal verdeutlicht werden:

In der Farbenlehre steht Rot für Lebensfreude, Vitalität, Tatkraft, Sexualität, Vorwärtsdrängen, Wut und Aggression. Wenn nun ein Mensch Rot ablehnt, ist auch der direkte Ausdruck seiner Lebenskraft gehemmt. Nicht selten blockieren Ängste und eventuell strenges moralisches Denken die persönliche und sexuelle Entfaltung, während Wutausbrüche so gut wie nicht vorkommen. „Bloß nicht auffallen" könnte sein Motto sein, und er fühlt sich in der Welt seiner Gedanken und Phantasien wohler als in der realen. In einem solchen Fall ist es heilsam, gerade über die Kleidung langsam und behutsam zum Rot und seinen Qualitäten zu finden, vielleicht erst „probeweise" in den eigenen vier Wänden oder mit Accessoires wie roten Seidentüchern und Schmuck, oder roter Unterwäsche. Wem selbst das noch zu gewagt ist, kann damit beginnen, rote Gegenstände öfters intensiv und liebevoll zu betrachten und sich so ganz langsam und sanft die eigenen „roten" Anteile zu erschließen (sie sind ja da – wenn auch gut versteckt!).

Denken Sie an den Regenbogen, der nur deshalb so schön und vollkommen ist, weil alle

Farben vertreten sind und gleich stark leuchten. Genauso ist es auch mit der eigenen Persönlichkeit, die alle Farben, das heißt sämtliche individuellen Eigenschaften hervorholen will, um ganz – sprich heil – zu werden. Wir wünschen Ihnen den Mut eines Abenteurers, Ihr ganzes Spektrum zu erforschen, liebevoll anzunehmen – und zu leben!

Die Heilkraft farbiger Kleidung

Nach diesem Ausflug zu den kalifornischen Farbtypen und einer Betrachtung über unsere gel(i)ebten und ungel(i)ebten Eigenschaften kommen wir nun zu dem „therapeutischen" Einsatz von farbiger Kleidung bei Verstimmungen, zur Vorbeugung gegen Krankheiten und zur Steigerung des allgemeinen Wohlbefindens.
Als Grundlage dienen uns hier wieder die Farbporträts, die uns verraten, von welchen positiven Eigenschaften wir bei der Wahl unserer Kleiderfarben profitieren können – und welche „Gegenwirkungen" zu beachten sind. Die folgenden Stichpunkte, die Sie größtenteils auch in den Kapiteln „Farbporträts – Die Wirkung der Farben" (Seite 29–43) und „Heilung durch Farben – ein Krankheitsverzeichnis"(Seite 83–122) wiederfinden, mögen Ihnen eine erste Anleitung sein und weitere Ideen wecken.

Rot

Rot zählt zu den wärmsten und wärmenden Farben und ist der Gegenspieler von Grün und Blau. Es tut überall da Wunder, wo es ein „Zuwenig" gibt, beispielsweise bei niederem Blutdruck, Kältegefühl und morgendlichen Anlaufschwierigkeiten. So wirken rote Unterwäsche, Strümpfe und Schuhe wärmend und beugen Erkältungen vor. Rote Kleidung allgemein regt Tatkraft und Lebenslust an und stärkt die sexuelle Präsenz.

Grün

Mit seinen harmonisierenden, ausgleichenden und beruhigenden Eigenschaften ist Grün fast immer günstig als Kleiderfarbe. Außerdem kräftigt Grün das Herzchakra (siehe auch Rosa).
Wenn Sie jedoch eher zu phlegmatisch sind, sollten Sie Grün mit warmen Farben wie Rot, Gelb und Orange kombinieren.

Gelb

Gelb ist eine heitere, aufhellende Farbe. Deshalb sind gelbe Teile in der Garderobe, ob fürs Auge sichtbar oder nicht, wie Accessoires, Schuhe und Seidentücher gut gegen Depressionen und Magen-Darm-Probleme. Darüber hinaus regt Gelb (wie auch Orange) den Appetit an und fördert die Kommunikation sowie das logische Denken.

Eine sonnengelbe Bluse verrät: Die Trägerin liebt das Leben!

Blau

Das kühlende, besänftigende Blau wirkt allem Hitzigen entgegen und ist somit günstig bei Schilddrüsenüberfunktion, Bluthochdruck, Ischiasbeschwerden, Juckreiz, Hustenreiz und Verkrampfungen. Außerdem kann es, als Handschuhe oder Socken getragen, bei Warzen und, als Tuch umgebunden, bei Halsentzündungen helfen. Schließlich beruhigt blaue (aber nicht zu dunkle!) Kleidung bei Streitgesprächen den Betrachter wie auch den Träger, nimmt deren Nervosität und aggressive Gefühle.

Orange

Orange ist eine warme bis grelle, auf jeden Fall anregende und aufbauende Farbe. Als Unterwäsche oder Oberbekleidung wie Hosen und Seidentücher getragen, ist Orange günstig bei Verdauungsstörungen, Appetitlosigkeit, Untergewicht, Knochenbrüchen, schwacher Libido sowie bei Menstruationsbeschwerden. Darüber hinaus wirkt Orange Depressionen entgegen und fördert die Freude an Kommunikation.

Violett

Diese Farbe beruhigt das Nervensystem und öffnet somit den Geist für Inspirationen. Daneben besitzt Violett auch ganz profane Eigenschaften: In der Kleidung und Umgebung zügelt es – wie Blau – übermäßigen Appetit und kann bei Einschlafstörungen helfen. Als T-Shirt oder Unterhemd getragen, bekämpft diese Farbe häufigen Schluckauf. Schließlich wirkt sie auch lindernd bei Trennungsschmerzen.

Türkis

Türkis hat umstimmenden Charakter, beruhigt und erfrischt. Deshalb sollten Sie türkisfarbene Kleidungsstücke vor allem dann tragen, wenn es Ihnen schwer fällt, sich von anderen abzugrenzen. Empfehlenswert ist diese Farbe auch bei Allergien und Immunschwäche oder, um bei Übergewicht den Fettstoffwechsel anzuregen.

Rosa

Rosa ist eine betont weibliche Farbe und fördert bei jedem Zartheit und Sensibilität. Darüber hinaus tun rosafarbene Kleidungsstücke Ihrem Herzen gut und stärken es (ebenso wie Grün). Schließlich hilft Ihnen Rosa, Ihr Wesen zu akzeptieren und mit sich selbst liebevoller umzugehen.

Braun

Braun ist die Farbe der Erde, dem Sinnbild für Mütterlichkeit, und damit ideal für Frauen, die diesen Anteil in sich noch nicht angenommen haben. Als Kleider- oder Schuhfarbe wirkt Braun immer dann förderlich, wenn es darum geht, mit beiden Beinen auf der Erde zu stehen, sich zu erden und sich selbst treu zu bleiben.

Raumgestaltung

Da wir nun wissen, wie stark der Einfluss von Farben auf unser Wohlbefinden ist, werden wir die Farben von Räumen und ihrer Einrichtung möglichst ebenso bewusst auswählen wie die unserer Kleidung. Die in den Farbporträts beschriebenen Wirkungen können Sie sich auch bei der Raumgestaltung zu Nutze machen, wobei Sie beachten sollten, dass kräftige und anregende Farben zwar auf einem relativ kleinen Einrichtungsgegenstand durchaus als angenehm empfunden werden, jedoch dieselben Farben auf großen Flächen, beispielsweise auf einer oder mehreren Zimmerwänden aufgetragen, Unbehagen bis hin zu Aggressionen und Übelkeit hervorrufen können. Abgesehen davon ist Farbe auch eine subjektive Angelegenheit: Was den einen stimuliert, kann den anderen direkt abstoßen. Und da meistens mehrere Menschen in einer Wohnung zusammenleben, sollten die persönlichen Lieblingsfarben, speziell in Gemeinschaftsräumen wie Küche, Bad, Wohnzimmer, Diele usw., mit entsprechender Rücksicht eingesetzt werden.

Eine allgemeine Regel für Zimmerwände, -decken und Bodenbeläge lautet: Wählen Sie helle, gedeckte, zurückhaltende Farben wie helle Pastelltöne oder leicht mit Beige oder Braun abgetöntes Weiß. Mit feinen Ton-in-Ton-Abstufungen können Sie Räume „formen" und interessante Perspektiven hervorrufen. Dabei sollten die dunkleren Töne für unten (also für Bodenbeläge) und die helleren Töne für oben (Decken) verwendet werden. Bei der Farbwahl empfiehlt es sich, auch die Lage (Himmelsrichtung) des jeweiligen Raumes, die Anzahl der Fenster und, damit verbunden, die Tageslichtfülle zu berücksichtigen. Daneben spielt die Raumgröße eine wesentliche Rolle. So wirken helle und kühle Farben vergrößernd, dunkle und warme dagegen lassen die Wände zusammenrücken. Wie schon erwähnt, beeinflussen Farben auch die subjektive Temperaturempfindung, sodass ein in kühlen Farben (zum Beispiel Blau und/oder Weiß) gehaltener Raum bei gleicher Zimmertemperatur als einer in warmen Farben (etwa in Braun oder Orange) meist kälter empfunden wird. Diese Effekte können Sie sich ganz gezielt zu Nutze machen, wenn beispielsweise ein großer hoher Raum intimer, gemütlicher und wärmer wirken soll. Schließlich ist noch zu beachten, dass Farben bei künstlichem Licht anders erscheinen als bei Tageslicht. Während normale Glühbirnen dem Raum ein warmes Licht in rötlichen und gelben Nuancen verleihen, erzeugen weiße Neonlampen einen leichten Blaustich.

Bei allen individuellen Empfindungen, Vorlieben, Abneigungen und räumlichen Gegebenheiten gelten einige Farben durchweg als günstig und besonders geeignet für bestimmte Zwecke und Bedürfnisse.

Wohnzimmer

Dies ist ein Raum, in dem sich Menschen treffen, sich unterhalten oder entspannen wollen. Eine behagliche Atmosphäre kann mit warmen Tönen hergestellt werden, wobei es nicht immer Braun sein muss, das gemeinhin für Gemütlichkeit steht, denn auch warme Gelb-, Rot- und Beigetöne erfüllen diesen Zweck. Ein zurückhaltendes Pastell auf Wänden und Böden kann gut kräftige Farbakzente in Form von Möbeln, Wohnaccessoires und Bildern vertragen, die die Kommunikation anregen und doch nicht aufregen, wie Blau und Gelb. Während Orange den liebevollen Umgang miteinander fördert, sorgt Grün für Entspannung und hat je nach seinen Gelbanteilen eine eher kühle oder eher warme Ausstrahlung. Ideal sind auch Grünpflanzen, die nicht nur Farbe, sondern auch Leben ins Haus bringen.

Küche mit Essplatz

Hier ist Kreativität gefragt und – ein gesundes Maß an Appetit. Da der Essplatz oft der geselligste Ort einer Wohnung ist, empfehlen wir auch hier warme Farben: Orange beispielsweise fördert zudem noch den Appetit und die Lust am Essen, womit viele Kinder Schwierigkeiten haben. Wenn Ihnen Ihre Pfunde jedoch eher lästig sind, verzichten Sie besser auf Orange und nehmen stattdessen Grüntöne für Tischdecken, Sets, Geschirr, Vorhänge usw.

Arbeitszimmer

Wenn Sie nicht gerade vor Ideen übersprühen und in Ihrer Aktivität kaum noch zu bremsen sind, sollten Sie auch für diesen Bereich warme und anregende Farben verwenden. So wirkt Gelb geistig anregend und aufheiternd, es steigert die Konzentrationsfähigkeit und fördert den verbalen Austausch. Künstler und Philosophen nutzen das Violett zur Inspiration. Wem es an Ausdauer mangelt, der findet bei Orange Hilfe. Beruhigendes Blau hingegen ist dann empfehlenswert, wenn Sie zu der anfangs erwähnten Gattung Mensch gehören, die sich nur schwer auf eine Sache besinnen kann und Prioritäten setzen sollte, um sich nicht zu verzetteln.

Schlafzimmer

Hier sind Blau- und Grüntöne ideal, weil sie beruhigen, besänftigen und ausgleichen. Auch viele Pastelltöne eignen sich, wie beispielsweise Rosé und Apricot. Wichtig ist in erster Linie, dass der Schlafbereich einladend und gemütlich wirkt und nicht durch eine eisige Ausstrahlung alle liebevollen Gedanken erstarren lässt. Mit entsprechender farbiger Beleuchtung, so auch mit einem roten oder orangefarbenen Lampenschirm, können Sie einfach ein in kühlen Farben gehaltenes Schlafzimmer erwärmen.

Badezimmer

Dieser Raum soll Frische und Sauberkeit ausstrahlen, was Sie mit Türkis, Blau/Weiß oder Grün/Weiß erreichen. Sind Fliesen, Badewanne, Waschbecken usw. schon durchgehend weiß oder beige, verteilen Sie einfach großzügig *Ihre* Farben in Form von Handtüchern, Badematten, Glaskaraffen mit Badezusätzen, Seifenstücken, Duschvorhängen etc. Leider sind viele Bäder in langweiligen Braun- oder gedeckten Grüntönen gehalten. Scheuen Sie sich in diesen Fällen nicht, den Raum mit knalligen Wasch- und Badeutensilien aufzupeppen.

Kinderzimmer

Farben sind für die gesunde Entwicklung der Kinder lebensnotwendig. Das heißt nicht, dass ein Kinderzimmer sämtliche Farben enthalten muss, vielmehr ist es sinnvoll – sofern es sich einrichten lässt – dass die gesamte Wohnung alle Farben enthält bzw.

dass in den einzelnen Räumen jeweils eine Hauptfarbe dominiert. Allgemein eignen sich für die geistige Entwicklung warme, helle Gelbnuancen an den Wänden und Decken sowie helle Holztöne für die Möbel.

Durch Spielzeug, Bälle, Stofftiere und Bücher, die ja alle möglichen Farben tragen, wird es sowieso recht bunt in einem Kinderzimmer. Je nach Naturell eines Kindes können noch andere Farben unterstützend eingesetzt werden, zum Beispiel beim Fußboden, bei der Bettwäsche und den Gardinen (siehe Beschreibung der vier Temperamente und der Farbporträts). Der Anthroposoph Rudolf Steiner (1861 – 1925) empfahl, die farbige Gestaltung von Kinder- und Klassenzimmern der jeweiligen Entwicklungs- und Altersstufe der Kinder anzupassen. So hielt er folgende Farben für förderlich:

Rosa für Kinder der 1. Klasse, Rosa/Orange für die 2., Orange/Rot für die 3., Blassorange für die 4. und 5., Orange/Gelb für die 6., Gelb/Grün für die 7. und Blassgrün für die 8. Klasse.

Farbbestrahlung

Bei der Farbbestrahlung wird farbiges Licht entweder auf den ganzen Körper gerichtet oder auf einzelne Areale. Hierzu benötigen Sie eine Lichtquelle und verschiedene Farbfilter (siehe Bezugsadressen für Farbfilter und spezielle Bestrahlungslampen auf Seite 125) sowie eine Behandlungsliege und einen warmen, ruhigen Raum, der abgedunkelt werden kann. Bei der Lichtquelle kann es sich um eine handelsübliche Tischlampe oder Halogenlampe mit 100 bis 150 Watt handeln. Die Farbfilter sollten an der Lampe befestigt werden können, ohne dass das Filtermaterial überhitzt wird. Bitte beachten Sie auf jeden Fall die Angaben der Hersteller sowie die Sicherheitsvorschriften. Die Liege schließlich sollte bequem sein und völlige Entspannung ermöglichen.

Da die Bestrahlung direkt auf

die bloße Haut vorgenommen wird, empfiehlt sich im Behandlungsraum eine Zimmertemperatur von mindestens 25° Celsius. Für den Anfang können Sie anstelle von professionellen Farbfiltern oder Farblampen auch mit farbigen Folien und Tüchern experimentieren oder farbige Glühbirnen einsetzen. Wenn Sie das Behandlungsschema festgelegt haben, beginnen Sie mit der Bestrahlung der einzelnen Körperzonen bzw. der entsprechenden Körperseite; je nach Krankheitsbild und Empfehlung dauert sie zwischen 1 und 60 Minuten. Im Allgemeinen platziert man die Behandlungslampe in einem Abstand von 20 bis 50 cm vom Körper. Wird es der behandelten Person zu heiß, vergrößert man einfach diese Entfernung, bis sie die Temperatur als angenehm empfindet. Denn Farbe kann selbst große Strecken ohne Wirkungsverlust zurücklegen. Zur Entspannung während der Bestrahlung kann der Behandelte die Augen schließen; auch eine passende Musik trägt zum Wohlgefühl bei.

Die Erfahrung hat gezeigt, dass Bestrahlungen direkt nach einem Essen ungünstig sind – außer bei Verdauungsstörungen. Ansonsten sollte mindestens eine Stunde zwischen dem Essen und der Behandlung liegen.

Grundsätzlich gilt für die Farbbestrahlung:

■ Grün als Ganzkörperbestrahlung zu Beginn einer Behandlung eignet sich generell bei fast allen Symptomen.

■ Bei akuten Problemen und Schmerzen behandeln Sie zuerst die vordergründige Symptomatik. Bei chronischen und langanhaltenden Problemen ist der Organismus oft geschwächt und bedarf zuerst der Stärkung.

■ Herrschen eine bestimmte Farbe und ihre Eigenschaften vor, ist es günstig, ab und zu die Komplementärfarbe anzuwenden oder vor der Behandlung mit Grün auszugleichen.

Farbpunktur

Farbtherapie und Traditionelle Chinesische Medizin

In der Farbpunktur wird farbiges Licht auf die so genannten Akupunkturpunkte gestrahlt. Diese Punkte liegen auf Meridianen, das sind Energiebahnen, die den Körper durchziehen und die Organe mit Lebensenergie – dem Qi – versorgen. Solange das Qi gleichmäßig und ausreichend fließt, funktionieren die Organe tadellos und wir sind gesund. Hinter Störungen dieses Energieflusses können vielerlei Ursachen stecken: Neben psychischen Problemen und einer falschen Ernährung spielen unter anderem auch Klimafaktoren, Verletzungen und die persönliche Konstitution eine große Rolle.

Es ist jedoch möglich, über die Akupunkturpunkte auf diesen Energiefluss einzuwirken: entweder mit Fingerdruck wie bei der Akupressur, mit Stahlnadeln wie bei der Akupunktur, mit Wärme wie bei der Moxa-Therapie oder eben auch mit Farblicht. Grundsätzlich unterscheiden wir vier Arten von

Abweichungen des gesunden Qi-Flusses:

1. zu wenig Qi im Meridian,
2. zu viel Qi im Meridian,
3. Energiestau im Meridianfluss,
4. das Qi fließt in die falsche Richtung.

Zwar kann mit allen oben genannten Therapieformen das Qi wieder normalisiert werden, doch wollen wir in diesem Buch nur auf die Farbpunktur näher eingehen.

Bei der Farbpunktur verwendet man anstelle von Nadeln wie bei der Akupunktur farbiges Licht, das auf spezielle Punkte fokussiert wird. Dies gelingt am einfachsten, wenn wir farbige Folien auf die

Hier wird ein Akupunkturpunkt mit einer speziellen Farblampe rot bestrahlt

Punkte legen und sie dann mit Licht bestrahlen, oder noch bequemer mit einer im Handel erhältlichen Farbpunkturlampe (siehe Bezugsadressen). Besonders empfehlenswert ist Farbpunktur bei Krankheiten, denen ein Mangel an Lebensenergie zugrunde liegt, was häufig bei chronischen Beschwerden der Fall ist. Man kann mit dieser Anwendungsform der Farbtherapie auf einfache Weise Kraft für den Alltag tanken. Farbpunktur bringt gestörte Gleichgewichte wieder in Ordnung, ohne schädliche Nebenwirkungen zu haben. In vielen Fällen weichen die Beschwerden schon während der Behandlung einem Gefühl der Erleichterung oder Befreiung.

Praktische Anwendung der Farbpunktur

Auch hier gilt als Erstes, dass die Diagnose fachlich abgeklärt sein muss. Wenn Sie dann das Symptom im Krankheitsverzeichnis (siehe Seite 85 –115) nachgeschlagen haben, werden Sie gezielt Vorschläge für Farben und Punkte finden. Zusätzlich sind auf den Tafeln 1 bis 4 (siehe Seite 120 –122) die Punkte und ihre

Lage am Körper deutlich gekennzeichnet und in der Tabelle auf Seite 116 –119 beschrieben. Die gefundenen Stellen kann man sich vom Körper sozusagen „bestätigen" lassen, da sie in der Regel druckempfindlich sind. Tasten Sie deshalb die genaue Lage nach der Schmerzreaktion. Lassen Sie sich dabei nicht von Ihrer Unsicherheit entmutigen – auch wenn Sie das Gefühl haben, dass da etwas wäre, reicht das für den Anfang. Mit ein wenig Übung werden Sie Ihr Feingefühl bald verbessern.

Zur ersten Orientierung benutzen wir als internationale Maßeinheit die Daumenbreite der behandelten Person (ein Cun). Die Breite der aneinandergelegten vier Finger ohne Daumen entspricht drei Cun, also drei Daumenbreiten. Als Grundlage für die Wahl der Farben dienen uns bei der Farbpunktur die Farbwirkungen, wie sie im Kapitel „Farbporträts…" beschrieben sind. Nach einer Grundregel soll die Bestrahlung eines Punktes jeweils zwei Minuten dauern. Dabei kann es so genannte Erstreaktionen wie Schwitzen oder leichtes Unwohlsein geben. Häufig treten auch Empfindungen wie Kribbeln, Wärme- oder Spannungsgefühl, Ziehen, Fließen und Schweregefühl an den bestrahlten Punkten auf, die ein Zeichen für den Gesundungsprozess sind. Wenn jedoch unangenehme Reaktionen auftreten, beenden Sie sofort die Behandlung des jeweiligen Punktes und machen mit dem nächsten weiter.

Die Anleitung zur Farbpunktur schlägt manchmal bei einem Punkt zwei verschiedene Farben vor, wie zum Beispiel Blau/Orange. Das bedeutet, dass Sie in der Regel zwei symmetrische Punkte behandeln: Beide werden zuerst auf ihre Schmerzreaktion getastet. Der empfindlichere Punkt erhält dann (zum Ausgleich) die kalte Farbe, der weniger empfindliche die warme Farbe. Wenn die Punkte auf der Mittellinie des Körpers liegen, ist jeweils nur ein Punkt zu behandeln. Sind zwei Farben angegeben, wählen Sie die warme Farbe bei geringer Schmerzempfindlichkeit und die kalte bei hoher.

Der Übersichtlichkeit halber mussten wir die Angaben zur Farbpunktur bei den Symptomen im Krankheitsverzeichnis sehr vereinfachen. Bitte beachten Sie, dass die Punktangaben Erfahrungswerte zur symptomatischen Behandlung sind. Die individuellen Ursachen und deren Farbbehandlung können nur Sie selbst oder ein Farbtherapeut einschätzen.

Farbvisualisation

Visualisation ist eine sehr bedeutungsvolle Methode, die Macht der eigenen Vorstellungskraft einzusetzen. Mit entsprechender Übung und verantwortungsvollem Umgang zählt sie zu den effektivsten Verfahren der Farbtherapie, die uns zur Verfügung stehen. Wir können Visualisation sowohl für uns selbst wie auch für andere praktizieren, sogar bei gleichzeitiger Anwendung anderer Verfahren. Farbvisualisation, auch kreative Imagination genannt, bedeutet, dass wir uns etwas in einer bestimmten Farbe vorstellen. Diese Fähigkeit haben fast alle Menschen, denn jeder visualisiert unbewusst in seinen Träumen. Man könnte auch sagen, Visualisation ist bewusstes Träumen. Sollte es Ihnen nicht sofort gelingen, haben Sie etwas Geduld und versuchen Sie es immer wieder. Am besten fangen Sie damit an, einfache Objekte wie Zitronen, Tomaten oder Rosen zuerst zu betrachten und sie sich dann mit geschlossenen Augen vorzustellen.

Anwendungszwecke der Farbvisualisation:

- Erhöhung des Wohlbefindens und Entspannung,
- Linderung und Heilung von Beschwerden,
- Verbesserung der Lernfähigkeit und des Gedächtnisses,
- Verschärfung der Sinne,
- Verwirklichung von „Träumen",
- bewusste Gestaltung des Lebens,
- Entwicklung von diagnostischen Fähigkeiten,
- Meditation.

Da es sich bei der Visualisation um eine rein geistige Übung handelt, sollten – insbesondere, wenn Sie andere damit behandeln – auch die Gesetze des Geistes beachtet werden. Visualisieren Sie deshalb nur, wenn Sie für die betreffende Person ein liebevolles Gefühl empfinden können. Außerdem muss derjenige, den Sie mit geistigem Licht behandeln wollen, damit einverstanden sein. Wünschen Sie sich bzw. stellen Sie sich zum Abschluss der Übung vor, dass die Behandlung zum Wohle aller Beteiligten beiträgt.

Damit schützen Sie den anderen – und sich selbst. Wichtig ist auch, nichts erzwingen zu wollen und vor allem nicht für andere zu visualisieren, wenn man selbst unausgeglichen ist.

Farbvisualisation therapeutisch einsetzen

Eine therapeutische Anwendung dieser Methode läuft nach folgenden Schritten ab:

1. Sie bringen sich in einen vollkommen entspannten Zustand.

2. Sie wissen genau, was Sie erreichen wollen.

3. Stellen Sie sich nun vor, wie es ist, wenn Sie Ihr Ziel erreicht haben. Das heißt, Sie sehen vor Ihrem geistigen Auge sich selbst oder jemand anderen vollkommen glücklich, gesund und strahlend. In Ihrer Vorstellung sind Sie also schon am Ziel Ihrer Wünsche.

4. Bevor Sie sich nun farbiges Licht für einzelne Körperteile

vorstellen, ist es besonders wohltuend und günstig für die weitere Übung, wenn Sie sich oder die andere Person ganz in goldenes oder weißes Licht einhüllen und sich dabei vorstellen, wie glücklich, zufrieden und beschützt Sie sich fühlen bzw. die beleuchtete Person sich fühlt.

5. Jetzt konzentrieren Sie sich auf die erkrankten Körperteile, stellen sich diese vollkommen gesund vor und „sehen", wie farbiges Licht die Körperteile bzw. Organe durchströmt. Sie können sich auch vorstellen, dass Sie farbiges Licht einatmen, das in den erkrankten Bereich fließt.

Bei der Wahl der Farben für die Visualisation mit Licht orientieren Sie sich bitte an ihren jeweiligen Wirkungen, wie wir sie in den Farbporträts (siehe Seite 29 – 43) beschrieben haben. Bei den Farbanwendungen für die Organe nehmen Sie prinzipiell Blau zur Beruhigung entzündlicher Prozesse, Rot bei Mangel an Wärme und Kraft und Grün zum Ausgleichen und Harmonisieren.

Die Dauer einer Anwendung hängt vom jeweiligen Fall ab: Einzelne Körperteile werden zwischen einer und zehn Minuten „beleuchtet", je nachdem, welche Intensität Ihre Vorstellungskraft besitzt. Davon abgesehen, ist eine tägliche Behandlung günstig. Schon bald werden Sie feststellen, dass Farbvisualisation, eventuell kombiniert mit anderen Verfahren, den Heilungsprozess wesentlich beschleunigt.

Andere Formen der Visualisation

■ Bei bestimmten Erkrankungen können Sie zusätzlich zur imaginären Lichtbestrahlung bestimmte „Geräte" oder „Werkzeuge" einsetzen. Bei der Abwehr von Erregern stellen Sie sich beispielsweise vor, wie Ihre weißen Blutkörperchen (Zellen der Immunabwehr) diese Eindringlinge vernichten oder mit kleinen Kehrschaufeln wegräumen.

■ Zur allgemeinen Entspannung dient die Fantasie, sich an einem Ort zu befinden, der Ruhe, Frieden, Entspannung und Glück symbolisiert: ein weißer Strand am blauen Meer, eine Blumenwiese, in einer Hängematte zwischen zwei Bäumen oder auf dem Gipfel eines Berges.

■ Wenn eine schwierige Aufgabe oder ein Problem zu lösen ist, können Sie sich vorstellen, an einem Ort Ihrer

Unsere Fantasie kann uns an herrliche Orte versetzen

Wahl einen weisen Freund, Ratgeber oder ein Ihnen heiliges Wesen zu treffen und um Rat zu fragen. Sie werden staunen, wenn Sie die Antwort – entweder als Worte oder als Bild – erhalten!

■ Empfehlenswert ist auch die imaginäre Einrichtung einer kreativen Werkstatt, in der alles für Sie bereitliegt, was Sie brauchen, um Ihr Leben bewusst zu gestalten: Pinsel, Farbe, Leinwand. Bevor Sie mit dieser Übung beginnen, sollten Sie sich darüber im Klaren sein, was Sie wirklich wollen, diese Wünsche genau formulieren und „ausmalen". Dabei ist es nützlich, alles aufzuschreiben, einschließlich des Zeitraumes, in dem Sie etwas erreichen wollen. Denn neben kurzfristigen Vorhaben (zum Beispiel Wohnungs- oder Stellenwechsel) und mittelfristigen Plänen (was eine Lehre oder ein Studium sein kann) gibt es auch solche, die große Teile

eines Lebens ausfüllen können (eine Ehe beispielsweise oder die Erziehung von Kindern). Wenn Sie Ihre Ziele kennen, werden Sie auch Ihre Energie, Ihre Zeit, Ihre Liebe und Vorstellungskraft viel effektiver einsetzen.

Zu Ihrem eigenen Schutz und dem von anderen Menschen sollten Sie jede Visualisation mit dem Versprechen und der Bitte beenden, dass auch Sie dem Leben dienen wollen und dass Ihre Wünsche nur dann in Erfüllung gehen mögen, wenn sie wirklich zu Ihrem Wohle und dem aller Beteiligten beitragen. Wenn sich Ihre Vorstellungen dann erfüllen, wenn es Ihnen gesundheitlich also besser geht oder ein Vorhaben sich Ihren Wünschen gemäß entwickelt hat, lassen Sie Ihrer Dankbarkeit freien Lauf und genießen Sie diese tiefe Empfindung als nicht selbstverständliches Glück.

Weitere Anwendungsformen

Farbbestrahltes Wasser

Sie können die Wirkung von Farben auch erfahren, verstärken und sozusagen verinnerlichen, indem Sie Wasser trinken, das zuvor in einem Glas oder einem Krug mit einer Farblampe bestrahlt wurde, oder das in einem farbigen Glas in der Sonne stand, was die Wirkung noch erhöht. Die Licht- oder Sonneneinwirkung sollte zwei bis drei Stunden dauern.

Auch Lebensmittel können mit Farbe bestrahlt werden, doch ist diese Methode in der Praxis oft zu aufwändig und umständlich.

Lebensmittel und Farben

Obwohl Lebensmittel in allen Farbvariationen vorkommen und ihre jeweilige Farbe nicht unbedeutend ist, sind andere Faktoren wie Geschmack und Zubereitung wichtiger für die Wirkung der Lebensmittel auf den Organismus.

Achten Sie trotzdem allgemein auf abwechslungsreiche und farbenfrohe Speisen.

Farbige Halbedel- und Edelsteine

Farbige Edelsteine lassen sich sehr gut mit allen Formen der Farbtherapie kombinieren. (Genauere Informationen hierzu finden Sie in der weiterführenden Literatur, siehe Seite 124).

Bäder

In vielen Situationen ist es förderlich, auch das Badewasser zu „färben". Die Bestrahlung mit einer Farblampe kann sich unter Umständen jedoch als recht unpraktisch erweisen und erfordert auf alle Fälle die genaue Beachtung von Sicherheitsvorschriften für Feuchträume. Einfacher ist die Farbgebung mit Badezusätzen und ätherischen Ölen. Hierfür gibt es mittlerweile spezielle „Colour Energy"-Farbbäder (siehe Bezugsadressen auf Seite 125).

Kombinationstherapie mit Farbe, Duft und Klang

Hier werden drei Therapieformen kombiniert: die Farbbestrahlung, die Aromatherapie (Anwendung spezieller ätherischer Öle) und Entspannung mit Musik oder kosmischen Klängen (zum Beispiel „Urtöne" von J. E. Behrendt) in bestimmten Frequenzen, die zu den Schwingungsbereichen der eingesetzten Farben und Düfte passen (siehe Bezugsadressen auf Seite 125).

Maltherapie

Durch den kreativen Umgang mit Farbe und Formen kann die Farbwirkung noch intensiviert und ganz individuell erfahren werden. Es bedarf dazu nur weniger Utensilien wie Papier, Stifte, Wasser- oder Ölfarben, Pinsel und Kreide. (Siehe auch Seite 49.)

Spektro-Chrom-Therapie nach Dinshah

Der indische Arzt Dinshah Ghadiali hat ein System der Diagnostik und Farblichtbestrahlung mit speziellen Farb-filtern entwickelt. Sein Sohn Darius Dinshah hat in dem Buch „Es werde Licht" (siehe Literaturhinweise auf Seite 124) die Erfahrungen seines Vaters niedergeschrieben. Dinshahs Heilerfolge waren spektakulär: Selbst schwerwiegende und lebensbedrohliche Erkrankungen konnte er mit Farbanwendungen heilen.

Meridiantherapie nach Christel Heidemann

Diese sehr effektive, aber etwas aufwändige Methode basiert auf der Traditionellen Chinesischen Medizin und auf Arbeiten über Farbe von Rudolf Steiner und Goethe. Zusätzlich dient ein Bindegewebstest am Rücken der Diagnostik. Christel Heidemann, ursprünglich Krankengymnastin, hat diese wirkungsvolle Therapie entwickelt, in der pflanzengefärbte Seidenstoffstücke auf die Haut aufgelegt werden (siehe Literaturhinweise auf Seite 124).

Farbpunktur nach Peter Mandel

Der bekannte Farbtherapeut Peter Mandel hat ein spezielles Verfahren entwickelt, in dem

er Akupunktur und Farbpunktur verband und zusätzlich
neue Körperpunkte einbezog
(siehe Literaturhinweis auf
Seite 124).

Abschließend möchten wir
noch darauf hinweisen, dass
jede Form von Farbtherapie
ein in sich stimmiges System

beinhaltet. So erklären sich
scheinbar widersprüchliche
Farbdeutungen und -anwen-
dungen mit weiteren Aspek-
ten, die in der jeweiligen Therapieform zusätzlich eine Rolle
spielen. In den meisten Fällen
ist es günstig, erst einmal bei
einem System zu bleiben.

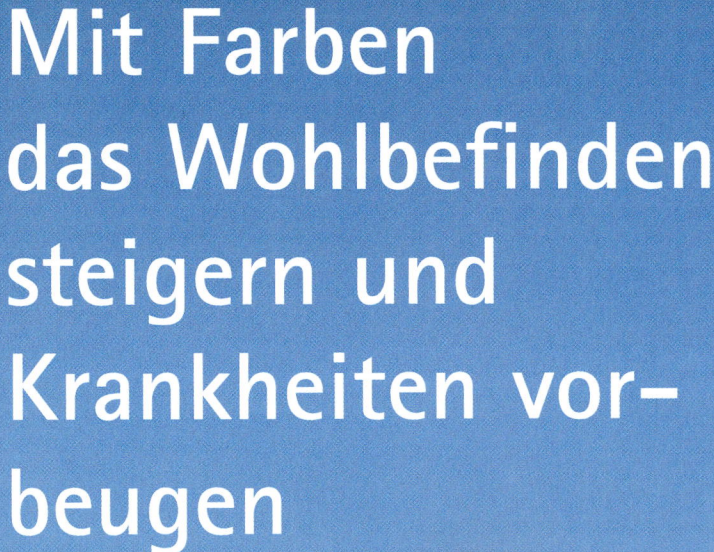

Mit Farben das Wohlbefinden steigern und Krankheiten vor- beugen

Allgemeine
Gesundheitstipps

Körperenergien
harmonisieren

Farben für
jedes
Temperament

Allgemeine Gesundheitstipps

Sie selbst können durch Ihr Verhalten im Alltag entscheidend zu Ihrer Gesundheit beitragen. Folgende Empfehlungen und Anregungen mögen Ihnen dabei helfen:

▪ Bemühen Sie sich um ein ausgeglichenes Leben: Ausreichend Ruhe, Schlaf und Entspannung, jedoch auch Aktivitäten in der frischen Luft, wie Spaziergänge in der Natur, sind Grundlagen eines gesunden und schöpferischen Lebens.

▪ Halten Sie Maß – zu viel des „Guten" wird Ihnen schaden. Auch Gewohnheiten wie Rauchen, Kaffee- und Schwarzteetrinken, Alkoholkonsum und Fernsehen sind in diesem Licht zu sehen. Vermeiden Sie also Fanatismus und Übertreibungen in allen Bereichen.

▪ Nehmen Sie sich Zeit für Ihre Mahlzeiten. Gönnen Sie sich eine ausgewogene und abwechslungsreiche Kost, die möglichst der Jahreszeit entsprechen, naturbelassen und frisch zubereitet sein sollte. Qualität geht vor Quantität, so auch beim Fleischkonsum: Ein bis zwei Mahlzeiten mit Fleisch pro Woche genügen im Allgemeinen.

▪ Kauen Sie die Bissen bewusst und gründlich. Auch sollten Sie die letzte Mahlzeit eines Tages bis 19.00 Uhr abends zu sich genommen haben.

▪ Achten Sie darauf, Zufriedenheit und Glück zu „pflegen" und freuen Sie sich an den „kleinen" Dingen des Lebens, die wir meist als selbstverständlich hinnehmen.

▪ Geben Sie den „großen" Dingen des Lebens wie Liebe und Freundschaft genügend Raum. In der heutigen Zeit mit ihrer Hektik, dem Übermaß an Stress und den hohen Anforderungen ist das besonders wichtig.

▪ Lernen Sie behutsam, sich mit dem Tod „anzufreunden". Er ist ohnehin unvermeidbar, und wenn Sie sich mit ihm versöhnen, kann es Ihnen helfen, das Wichtige vom Unwichtigen in Ihrem Leben besser zu unterscheiden.

Körperenergien harmonisieren

Setzen Sie Farben in Ihrem Leben bewusst ein, um Ihr Wohlbefinden und das Ihrer Mitmenschen zu steigern.
Im Kapitel über die „Anwendungsformen der Farbtherapie" haben wir Ihnen verschiedene, einfach auszuführende Möglichkeiten vorgestellt.
Warten Sie nicht, bis sich Krankheitssymptome einstellen, um sich dann selbst mit Farben zu helfen. Sondern beugen Sie vor und harmonisieren Sie Ihre Körperenergien, um Ihr Wohlbefinden zu erhalten und zu steigern. Denn ein glücklicher und ausgeglichener Mensch wird selten krank!

Energiemangel

Die folgenden Kennzeichen lassen darauf schließen, dass die betroffene Person unter einem Energiemangel leidet:

- häufige Müdigkeit, auch nach dem Essen,
- Neigung zum Frieren, kalte Hände und Füße,
- häufige Erkältungen, Schwächegefühl,
- Lustlosigkeit, Appetitlosigkeit,
- hängende Körperhaltung und blasse Haut,
- Antriebsschwäche, Konzentrationsmangel,
- geringe Belastbarkeit.

In diesem Fall sind warme und anregende Farben wie Rot, Orange und Gelb zu bevorzugen und kühlende Farben zu vermeiden.

Energieüberschuss

Auf ein Zuviel an Energie können die folgenden Kennzeichen hinweisen:

- Stress, Hektik,
- Ungeduld, Unruhe,
- Hitzegefühl mit rotem Kopf und Schweißausbrüchen,
- laute Stimme, Wutausbrüche,
- Verspannungen, besonders im Nacken,
- Extrovertiertheit.

Hier haben Farben wie Blau, Grün, Türkis und Violett die erforderliche kühlende Wirkung. Vermeiden Sie dagegen warme, anregende Farben.

Energiestau

Die nachfolgenden Symptome
deuten darauf hin, dass die
Energie der betroffenen Person
nicht richtig fließen kann:

- Enttäuschungen, Frust,
- blockierte Kreativität,
- Gefühle des Eingesperrt-
  seins,
- Kloß im Hals

- häufiges Seufzen
- Depressionen.

In diesem Fall sind allgemein
innere und äußere Bewegung
günstig. Die Farben Grün,
Türkis oder Violett unterstützen dabei. Je nach Erfordernis
können Sie zusätzlich warme
und kalte Farben im Wechsel
anwenden.

Müde und
niedergeschlagen?
Lassen Sie Ihre
Körperenergie
wieder
frei fließen!

Farben für jedes Temperament

Ausgehend von der hier bekanntesten altgriechischen Konstitutionslehre gibt es eine weitere Möglichkeit, Farbe im Alltag bewusst einzusetzen. Nach dieser Lehre werden vier Temperamente unterschieden, die ähnliche Eigenschaften wie Farben haben. Es gibt jedoch selten einen „reinen Typ", sondern meistens Mischtemperamente.

Der Melancholiker (Blau)

Günstige Eigenschaften

hilfsbereit, einfühlsam, treu
sanftmütig, bescheiden, geduldig
aufrichtig, zurückhaltend
fähig zu tiefen Gefühlen

Ungünstige Eigenschaften

introvertiert, verschlossen
depressiv, schwermütig
energielos, inaktiv
grüblerisch

Rot, alle Rottöne und **Orange** wirken den ungünstigen Eigenschaften des Melancholikers entgegen.

Der Choleriker (Rot)

Günstige Eigenschaften

selbstbewusst, mutig
begeisterungsfähig
sehr aktiv, tatendurstig und vital
willensstark, strebsam

Ungünstige Eigenschaften

hitzig im Temperament
neigt zu Wutausbrüchen
hyperaktiv, unruhig
dominant, streitsüchtig

Blau, Grün und **Türkis** wirken den ungünstigen Eigenschaften des Cholerikers entgegen.

Der Sanguiniker (Gelb)

Günstige Eigenschaften	Ungünstige Eigenschaften
leichte, beschwingte, fröhliche Natur	leicht ablenkbar
sehr beweglich	unbeständig, sprunghaft
offen und flexibel im Geist, kreativ	oberflächlich
nimmt die Dinge nicht so tragisch	unzuverlässig
nicht nachtragend	

Grün, Violett, Blau und **Braun** wirken den ungünstigen Eigenschaften des Sanguinikers entgegen.

Der Phlegmatiker (Grün und Braun)

Günstige Eigenschaften	Ungünstige Eigenschaften
ruhig und gemütlich	schwerfällig, stur
langsam und gemächlich	materiell ausgerichtet
wenig erregbar, zuverlässig	wenig Interesse an Geistigem
vernunftbetont und sehr realistisch	auf eigenen Vorteil bedacht, gleichgültig
ausdauernd, konzentriert, gewissenhaft	

Gelb, Orange, Purpurrot und **Rosa** wirken den ungünstigen Eigenschaften des Phlegmatikers entgegen.

Heilung durch Farben – ein Krankheits- verzeichnis

Vom Umgang
mit dem
Verzeichnis

Beschwerden
von A bis Z

Vom Umgang mit dem Verzeichnis

Im Folgenden finden Sie zu verschiedenen Krankheiten oder Beschwerden detaillierte Vorschläge zur Farbanwendung, wobei die einzelnen Stichworte alphabetisch geordnet sind. Den praktischen Anweisungen geht eine kurze Erläuterung der jeweiligen Krankheit voran. Beachten Sie bei den einzelnen Beschreibungen auch die Querverweise zu anderen Stichworten, wo Sie oft wertvolle Ergänzungen finden können. Wenn Sie bei ein und derselben Krankheit sich scheinbar widersprechende Farbangaben lesen, liegt dies daran, dass mit der einen Farbe die Ursache und mit der anderen das Symptom behandelt wird. Hierzu das Beispiel „Blasenentzündung": während Orange gegen die Unterkühlung hilft, lindert Indigo (oder Blau) die Entzündung.

Wir wollen Sie auch darauf hinweisen, dass zum einen verschiedene Krankheitsbilder ähnliche Symptome hervorrufen und zum anderen hinter jeder Krankheit mehrere Ursachen stehen können. Deshalb bitten wir Sie in Ihrem eigenen Interesse, das jeweilige Krankheitsbild gründlich abzuklären und gegebenenfalls einen Arzt oder Heilpraktiker zu Rate zu ziehen. Insbesondere dann, wenn (auch leichte) Symptome anhaltend sind oder sich gar verschlimmern.

Schließlich sind unter jedem Stichpunkt noch die Bezeichnungen der zu behandelnden Körperteile, -zonen oder -punkte angegeben, die Sie mithilfe der Beschreibung auf den Seiten 116–119 und den Tafeln 1 bis 4 (siehe Seite 120–122) zuverlässig finden. Die Zeitangaben zur Farbbestrahlung sind lediglich Richtwerte, die der individuellen Situation angepasst werden sollten. Bei der Farbpunktur gilt der Richtwert von zwei Minuten Bestrahlungszeit je Punkt. Eine lokale Bestrahlung der erkrankten Körperstelle wurde nicht bei jedem Beschwerdebild erwähnt, ist jedoch immer sinnvoll. Bitte lesen Sie vor einer Behandlung auch die Kapitel „Farbbestrahlung" und „Farbpunktur" auf den Seiten 66/67 und 69/70.

Beschwerden von A bis Z

Allergie

Allergien werden durch so genannte Allergene (zum Beispiel Blütenpollen, chemische Substanzen, Tierhaare, Hausstaub, Modeschmuck oder Lebensmittel) ausgelöst und können sich in Hautausschlag, Schnupfen oder Durchfall usw. äußern. Zugrunde liegt immer eine Störung bzw. Überreaktion der Immunabwehr.

Allgemein

Vermeiden Sie den Kontakt mit den auslösenden Stoffen und ernähren Sie sich vitaminreich.

Farbbestrahlung

■ Bestrahlen Sie morgens gleich nach dem Aufstehen zuerst die Handflächen mit Rot, anschließend die Fußsohlen mit der gleichen Farbe, jeweils circa 10 Minuten. Während die Fußsohlen bestrahlt werden, können Sie Ihre Hände auf die Thymusdrüse (an der Grenze zwischen Hals und Brust) auflegen und sich dort die Farbe Türkis vorstellen.

■ Oder Sie bestrahlen die ganze vordere Körperseite 20 Minuten lang mit Grün, dann das Kreuzbein (Bereich über der Pofalte) 10 Minuten mit Rot. Bei Juckreiz empfiehlt sich eine lokale Anwendung von Blau bis zur Linderung. Je nach betroffener Körperregion können Sie zusätzlich jeweils mindestens 10 Minuten lang bestrahlen: die Augen mit Grün und dann Blau, die Nase mit Blau, den Brustbereich (Lunge) mit Orange und die Haut mit Blau oder Türkis.

Farbpunktur

B8 (Tafel 2): Rot. B13 (Tafel 4): Gelb/Violett. A1 (Tafel 1): Grün. A10 (Tafel 2): Grün.

Anämie (Blutarmut)

Eine Anämie, also der Mangel an roten Blutkörperchen und/oder rotem Blutfarbstoff, kann viele verschiedene Ursachen haben, eine medizinische Klärung ist unbedingt notwendig. Erkennbar ist die so genannte „Blutarmut" unter anderem an der Blässe von Haut und Lippen, an Müdigkeit, Schwindel, Konzentrationsstörungen und Lichtempfindlichkeit.

Allgemein

Achten Sie auf eine aufbauende Ernährung, insbesondere auf eine ausreichende Eisenzufuhr. (Siehe auch Seite 103.)

Farbbestrahlung

■ Bestrahlen Sie die ganze vordere Körperseite 10 Minuten lang mit Grün, danach 30 Minuten lang mit Rot.
■ Alternativ können Sie die Zone um das Kreuzbein circa 20 Minuten mit rotem Licht bestrahlen, danach die Herzgegend mit grünem Licht circa 10 Minuten.

Farbpunktur

B2 (Tafel 3+1): Gelb oder Orange. R12 (Tafel 1): Rot. A1 (Tafel 1): Grün. B15 (Tafel 4): Rot. R3 (Tafel 2): Rot.

Angst

Angst ist ein häufiges und weit verbreitetes Leiden unserer Zeit, dessen Ursachen in ungelösten Konflikten, in gestörten zwischenmenschlichen Beziehungen oder bedrohlichen Lebenssituationen liegen können. Letztendlich mündet jede Angst in die Angst vor dem Tod.

Allgemein

Mit Farbtherapie können Ängste gelindert oder in manchen Fällen sogar geheilt werden, indem das Vertrauen zu sich selbst und zum Leben zurückgewonnen wird.

Farbbestrahlung

■ Beginnen Sie mit Rot und Orange, die abwechselnd im 5-Minuten-Takt insgesamt circa 20 Minuten auf das Kreuzbein einwirken. Dann richten Sie Grün 10 Minuten auf die Herzgegend und schließlich Blau ebenso lang auf den Punkt zwischen den Augen. Auch eine Ganzkörperbestrahlung mit Magenta oder Grün ist empfehlenswert.

Farbpunktur

A3 und A6 (Tafel 1): Blau/Orange. R5 (Tafel 1): Violett. B19 (Tafel 4): Rot. R26 (Tafel 2): Grün. A7 (Tafel 1): Blau.

Appetit, übermäßiger

Wenn wir uns „unerfüllt" und ungeliebt fühlen und die Wahrnehmung unserer wirklichen Bedürfnisse gestört ist, kann sich dies zum Beispiel in übermäßigem Appetit äußern (siehe auch *Übergewicht*).

Farbbestrahlung

Bestrahlen Sie Wasser in einem Glaskrug etwa 3 bis 4 Stunden mit Blau. Wenn die Sonne scheint, können Sie auch einen blauen Krug ins Licht stellen. Dieses „blaue" Wasser trinken Sie schluckweise circa 15 bis 20 Minuten vor den Mahlzeiten. Vermeiden Sie die Farbe Orange am Essplatz und in der Küche. Nehmen Sie sich ansonsten ausreichend Zeit zum Essen und kauen Sie jeden Bissen etwa 30- bis 40-mal.

Farbpunktur

A7 (Tafel 1): Blau/Orange. B16 (Tafel 4): Rot/Grün. R19 (Tafel 3+1): Grün. R9 (Tafel 1): Violett. B2 (Tafel 3+1): Gelb/Violett.

Appetitlosigkeit

Weniger Appetit als sonst kann eine natürliche und sinnvolle Heilungsreaktion bei Erkrankungen sein. Hält Appetitlosigkeit länger an, muss nach der Ursache geforscht werden.

Allgemein

Während der Genesung oder zur Steigerung des Appetits bei Untergewicht sollten Sie besondere Sorgfalt auf die Zubereitung der Mahlzeiten verwenden und für Abwechslung sowie Farbenvielfalt sorgen. Dabei fördern Wärme und würzige Suppen fast immer den Appetit. Viel Orange in der Umgebung des Essplatzes, auch ein Blumenstrauß als Blickfang mit gelben und orangefarbenen Blumen sowie grünem Laub wecken die Lust aufs Essen.

Farbbestrahlung

Bestrahlen Sie Wasser in einem Glaskrug mit Orange etwa 3 bis 4 Stunden. Dieses Wasser trinken Sie schluckweise circa 15 bis 20 Minuten vor den Mahlzeiten. Eine Ganzkörperbestrahlung mit Gelb oder/und Orange für 20 Minuten wirkt ebenfalls appetitanregend.

Farbpunktur

B3 (Tafel 4): Rot. R10 (Tafel 1): Orange. R9 (Tafel 1): Orange. R19 (Tafel 3+1): Orange. A8 (Tafel 1): Orange. B2 (Tafel 3): Orange.

Aufstoßen

Aufstoßen ist unter anderen die Folge von zu hastigem Essen und Trinken; aber auch aufgeregtes Sprechen, Stress und blähende Speisen kommen als Ursache im Betracht (siehe auch *Blähungen* und *Magenschmerzen*).

Allgemein

Essen Sie nichts mehr nach 19.00 Uhr. Gönnen Sie sich außerdem nach den Mahlzeiten eine halbe Stunde reine Entspannungszeit, in der Sie ruhen oder spazierengehen.

Farbbestrahlung

Zuerst wird die gesamte Magengegend für circa 15 bis 20 Minuten mit Violett bestrahlt. Anschließend richten Sie 5 Minuten lang orangefarbenes Licht auf den Darmbereich.

Farbpunktur

A6 (Tafel 1): Grün. B5 (Tafel 4): Blau. R5 (Tafel 1): Grün oder Blau. R9 (Tafel 1): Grün oder Blau. B2 (Tafel 3+1): Gelb.

Augenentzündung

Augenentzündungen können verursacht werden durch Verletzungen, Reizungen, Allergien und Bakterien. Sie sollten in jedem Fall medizinisch abgeklärt werden (siehe auch *Entzündung* und *Allergie*). Leichtere Reizungen der Augenbindehaut (zum Beispiel durch Rauch, Staub oder Blütenpollen) können durch Farbanwendungen gelindert werden.

Farbbestrahlung

Warmes, abgekochtes Wasser (kohlensäurefrei) wird mit Gelb bestrahlt, alternativ kann auch ein Goldplättchen für circa 3 Stunden in Wasser gelegt werden. Mit diesem Wasser befeuchten Sie nun Wattepads, die circa 20 Minuten auf den Augenlidern bleiben. Für Augenspülungen gibt es übrigens in der Apotheke spezielle Gefäße. Wiederholen Sie die Spülungen im Abstand von zwei Stunden, bis eine Besserung eintritt. Danach können Sie die Abstände zwischen den einzelnen Behandlungen vergrößern.

Farbpunktur

Auge lokal 10 Minuten mit Grün, bei einer Entzündung mit Blau bestrahlen. A10 (Tafel 2): Grün. A1 (Tafel 1): Grün. K4 (Tafel 2): Grün. B4 (Tafel 1): Grün. R25 (Tafel 2): Grün.

Bauchkrämpfe

Bauchkrämpfe erfordern unbedingt eine medizinische Abklärung, eventuell auch durch einen Gynäkologen. Bei vegetativ (psychisch) bedingten Krämpfen oder begleitend bei organischen Erkrankungen kann Farbe wohltuend und entkrampfend wirken (siehe auch *Blähungen*).

Allgemein

Legen Sie sich eine Wärmflasche auf den Bauch, gönnen Sie sich Ruhe oder einen gemächlichen Spaziergang.

Farbbestrahlung

Erleichterung kann die Farbe Orange, auf den schmerzenden Bauchbereich gestrahlt, bringen. Bei seelischer Ursache verschafft ein warmes Bad mit Blau bestrahltem Wasser meist große Linderung. Wenn dieses nicht möglich ist, hilft auch eine blaue Decke, in die Sie sich einhüllen. Trinken Sie zusätzlich lauwarmes Wasser, das mit Grün bestrahlt wurde.

Farbpunktur

B2 (Tafel 3+1): Blau. B12 (Tafel 3+1): Blau. R12 (Tafel 1): Grün. R9 (Tafel 1): Grün. R21 (Tafel 1): Blau. B4 (Tafel 1): Grün. A3 (Tafel 1): Grün.

Bettnässen

Angst, Schul- und Autoritätsprobleme können die Gründe sein, wenn Kinder bettnässen. Prüfen Sie, ob Sie als Eltern unbewusst durch ihr Verhalten zu diesem Problem beitragen.

Allgemein

Geben Sie Ihrem Kind abends nach 19.00 Uhr nichts mehr zu trinken und bitten Sie es, direkt vor dem Zubettgehen die Toilette aufzusuchen. Diese Maßnahmen ersetzen jedoch weder die Suche nach den Ursachen noch eine Therapie.

Farbbestrahlung

Ein kurzes (5 bis 10 Minuten dauerndes) entspannendes Fußbad vor dem Zubettgehen in Wasser, das mit blauem Licht bestrahlt wurde, bewirkt, dass die Blase sich noch mal im wachen Zustand entleeren möchte. Rubbeln Sie die Füße anschließend trocken und massieren Sie sie vor allem in der Fußsohlenmitte sanft mit Sesamöl.

Farbpunktur

R15, R14, R13 (Tafel 1): Rot. B17 (Tafel 4): Rot. R26 (Tafel 2): Rot. K1 (Tafel 3): Rot.

Blähungen

Nach dem Genuss blähender Speisen (Kohlarten, Zwiebeln, Bohnen u.a.), bei Verdauungsstörungen im Magen oder Darm oder nach einer hektischen Mahlzeit, die nicht ausreichend gekaut wurde, kann sich vermehrt Gas bilden. Das hierdurch ausgelöste Spannungs- und Völlegefühl kann sehr unangenehm sein. (Siehe auch *Bauchkrämpfe*.)

Allgemein

Vermeiden Sie alle Nahrungsmittel, die Blähungen auslösen können. Beachten Sie auch, dass der gemeinsame Verzehr bestimmter Nahrungsmittel, wie zum Beispiel Saures und Süßes, diese Beschwerden hervorrufen kann. Weiter ist es empfehlenswert, den Genuss von Süßigkeiten einzuschränken. Ein Spaziergang nach den Mahlzeiten oder ein Kümmeltee sind ebenfalls hilfreich. Schließlich können Sie auch mit orangefarbener Unterwäsche oder Oberbekleidung Ihre Verdauung unterstützen.

Farbbestrahlung

Bestrahlen Sie den gesamten vorderen Bauchbereich 30 bis 60 Minuten mit Orange. Da die Bestrahlung direkt nach den Mahlzeiten jedoch Übelkeit hervorrufen kann, empfiehlt sich vor der Anwendung eine halbstündige Pause.

Farbpunktur

R21 (Tafel 1): Gelb/Violett.
R19 (Tafel 3+1): Orange.
R6 und **R9** (Tafel 1): Orange.
B2 (Tafel 3+1): Gelb.

Blasenentzündung

Eine Blasenentzündung macht sich durch Brennen bis hin zu Krämpfen beim Wasserlassen bemerkbar und wird meist durch Unterkühlung mit darauf folgender Infektion verursacht (siehe auch *Entzündungen*). Wenn Fieber auftritt, sollten Sie medizinischen Rat einholen, um eine mögliche Nierenbeckenentzündung ausschließen zu können.

Allgemein

Warme Kleidung (insbesondere für die Nierengegend und die Füße), Wärmflaschen, Fußbäder und reichlich harntreibender Tee unterstützen die Heilung. Zusätzlich können Sie sich um die Nierengegend und um den Unterleib einen orangefarbenen Schal wickeln, den Sie täglich auswaschen sollten.

Farbbestrahlung

Bestrahlen Sie Ihren ganzen Körper (in einem sehr warmen Raum) 30 Minuten lang mit Grün, danach folgt eine 20-minütige Behandlung des Genital- und Beckenbereichs mit Indigo (oder Blau).

Farbpunktur

B15 (Tafel 4): Blau/Orange.
B14 (Tafel 4): Grün.
B17 (Tafel 4): Rot.
R14 (Tafel 1): Blau.

Bluterguss

Bei stumpfen Verletzungen und Prellungen durch Schläge, Stürze usw. bildet sich unter der Haut ein Bluterguss (Hämatom), das heißt Blut fließt ins Gewebe, und es entsteht eine schmerzhafte Schwellung. Wegen der Möglichkeit eines Knochenbruchs oder Sehnenrisses ist ein Arztbesuch ratsam.

Allgemein

Die Ruhigstellung des betroffenen Körperteils und – wenn möglich – eine sanfte Massage um den Bluterguss herum begünstigen die Heilung.

Farbbestrahlung

Anfangs wirkt eine direkte 10-minütige Indigo- oder Blaubestrahlung abschwellend. Danach eignet sich gelbes oder orangefarbenes Licht (10 bis 20 Minuten), um den Heilungsprozess anzuregen. Sie können während der Bestrahlung auch ganz sanft mit den Fingerspitzen über die Ränder des Blutergusses streichen.

Farbpunktur

1. Lokale Bestrahlung wie oben.
2. **A10** (Tafel 2): Orange. **A1** (Tafel 1): Grün. **B15** (Tafel 4): Blau/Orange. **B13** (Tafel 4): Blau/Orange. **R3** (Tafel 2): Rot.

Bluthochdruck (Hypertonie)

Langandauernde seelische Konflikte (innerer Druck), häufiger Stress, Bewegungsmangel, Ernährungsfehler, insbesondere ein zu hoher Kochsalzkonsum und Arterienverkalkung sind die häufigsten Ursachen für Bluthochdruck. In seltenen Fällen wird er auch durch organische Krankheiten ausgelöst.

Allgemein

Bewegen Sie sich viel, vor allem in der Natur. Vermeiden Sie außerdem Stress und emotionalen Druck. Hierbei unterstützen zum Beispiel Entspannungstechniken und Visualisation. Was die Ernährung angeht, so sollten Sie nach 19.00 Uhr nichts mehr essen und bei Ihren Mahlzeiten Fleisch so oft wie möglich durch Gemüse ersetzen (siehe auch *Übergewicht*).
Weiterhin ist es empfehlenswert, den Alkohol- und Salzkonsum zu verringern sowie

scharfe Gewürze, Zwiebeln, Knoblauch und Lauch zu vermeiden.

Bringen Sie viel Grün und Blau in Ihre Umgebung, während Sie Rot möglichst weglassen sollten.

Farbbestrahlung

Richten Sie sich ein blaues Zimmer ein, indem Sie alle Lampen dieses Raumes mit blauen Glühbirnen versehen. Außerdem empfiehlt sich täglich ein „blaues" Bad von 20 bis 40 Minuten (siehe Seite 74) zu entspannender Musik (beispielsweise Stücke von Wolfgang Amadeus Mozart oder Meditationsklänge). Eine Ganzkörperbestrahlung mit Blau (30 Minuten) ist ebenfalls günstig.

Farbpunktur

B4 (Tafel 1): Blau oder Grün.
A3 (Tafel 1): Blau/Orange.
R26 (Tafel 2): Blau oder Grün.
K1 (Tafel 3): Blau.

Blutniederdruck (Hypotonie)

Rasche körperliche und geistige Ermüdbarkeit, Kältegefühl, Herzklopfen, auch häufige Schwindelgefühle können Anzeichen von Blutniederdruck sein (siehe auch *Anämie* und Seite 79).

Allgemein

Schaffen Sie sich neue, sinnvolle und anregende Ziele, die Ihrem Alltagsleben wieder Schwung verleihen. Daneben wirkt viel Rot in Ihrer Umgebung in Form von Blumen, Bildern oder Wohnaccessoires (siehe hierzu die Seiten 63 bis 65) ebenfalls heilsam. Regelmäßige Bewegung an frischer Luft (besonders im Hochgebirge) und mindestens einmal täglich eine warme, würzige Mahlzeit regen Ihren Kreislauf zusätzlich an.

Farbbestrahlung

Versehen Sie die Lampen eines Raumes Ihrer Wohnung mit roten Glühbirnen und machen Sie dort 2- bis 4-mal täglich für mehrere Minuten eine leichte, schwingende und wiegende Bewegungsgymnastik. Eine Ganzkörperbestrahlung mit Rot (30 Minuten) erfüllt den gleichen Zweck.

Farbpunktur

R13, R12, R11 (Tafel 1): Rot.
R26 (Tafel 2): Rot. B15 (Tafel 4): Rot. B2 (Tafel 3+1): Rot.
B17 (Tafel 4): Rot.

Bronchitis/Husten

Husten, Auswurf, allgemeine Mattigkeit und Fieber können Anzeichen einer Entzündung der unteren Atemwege (Bronchien) sein (siehe auch die Stichworte *Entzündung, Fieber, Halsentzündung* und *Immunschwäche*). Husten hat den eigentlichen Zweck, störende Bestandteile (Fremdkörper, Absonderungen der Atemwegsschleimhäute mit Staub- oder Rauchteilchen, Mikroorganismen usw.) aus dem Körper zu befördern.

Reizhusten entsteht entweder durch Reizung der Atemwege bei Entzündungen oder durch Nervenreizung.

Allgemein

Die wichtigste Empfehlung für Raucher lautet: Hören Sie möglichst ganz mit dem Rauchen auf. Ansonsten sollten Sie in der kalten Jahreszeit auf warme Bekleidung achten, um einer Bronchitis vorzubeugen. Im Krankheitsfall sind neben kurzen Spaziergängen an der frischen Luft auch ätherische Öle in einer Duftlampe hilfreich: Lavendelöl lindert Hustenreiz und Eukalyptusöl, auch eingerieben, befreit die Lunge. Sorgen Sie außerdem stets für genügend Luftfeuchtigkeit in den Wohnräumen. Im Rahmen einer Farbtherapie ist es günstig, blaue oder grüne Kleidung zu tragen und das Bett mit blauer Wäsche zu beziehen.

Farbbestrahlung

Bestrahlen Sie die ganze vordere Körperseite 20 Minuten lang mit Grün oder Türkis. Bei trockenem Husten danach den Brustbereich mit Violett oder Blau (10 Minuten), bei Auswurf mit Orange oder Gelb (10 Minuten) behandeln, weil das Abhusten des Schleimes nicht unterdrückt werden soll.

Farbpunktur

R2 (Tafel 1): Rot. **A2, A4** und **A5** (Tafel 1): Rot/Grün. **K12** (Tafel 2): Orange. **B17** (Tafel 4): Rot. **R5** (Tafel 1): Grün. **A1** (Tafel 1): Grün. **A10** (Tafel 2): Grün. **R22** (Tafel 2): Orange.

Depression

Eine Depression ist mehr als vorübergehende Niedergeschlagenheit, wenn etwas nicht so läuft, wie wir es uns wünschen. Ihre Ursachen wurzeln häufig tief: Einsamkeit, unverarbeitete negative Erlebnisse oder tiefe seelische Verletzungen können die Lebensfreude massiv beeinträchtigen.

Allgemein

Orange, Gelb und Grün in Form von Blumen, Kleidung, Farbtafeln, Edelsteinen und anderen Gegenständen hellen das Gemüt auf. Auch tägliche, ausgiebige Spaziergänge in der freien Natur öffnen den Geist und heilen die Seele. Geben Sie Ihrer ureigenen Kreativität Spielraum und schaffen Sie Gelegenheiten für menschliche Kontakte (Konzertbesuche, Volkshochschulkurse, Sportvereine)!

Davon abgesehen kann es durchaus tröstlich sein zu wissen, dass jede Krankheit oder Niederlage die Chance in sich birgt, als Persönlichkeit zu wachsen.

Farbbestrahlung

Zur Harmonisierung und Anregung bestrahlen Sie die ganze vordere Körperseite jeweils 10 Minuten lang mit Grün und Rot, danach den Oberbauch 20 Minuten mit Gelb oder Orange.

Farbpunktur

R5 (Tafel 1): Orange. R7 (Tafel 1): Grün. K1 (Tafel 3): Orange. R9 (Tafel 1): Gelb. R11 und R12 (Tafel 1): Rot. B4 (Tafel 1): Grün. A3 und A7 (Tafel 1): Gelb.

Durchblutungsstörungen

Kribbeln, Taubheits- und Kältegefühl können auf Durchblutungsstörungen hinweisen. Als Ursachen kommen unter anderen infrage: Gefäßspasmen (Morbus Raynand), Arteriosklerose, vegetative Dystonie (Störung im vegetativen Nervensystem), Rauchen sowie Ernährungsfehler. Bevor Sie sich selbst behandeln, sollte deshalb ein Arzt die Ursache der Durchblutungsstörungen abklären.

Allgemein

Alle möglichen Auslöser sollten vermieden bzw. behandelt werden. Regelmäßige Bewegung hält zudem die Gefäße „jung".

Farbbestrahlung

Allgemein günstig ist eine jeweils 10-minütige Bestrahlung der vorderen Körperseite mit Grün, gefolgt von Magenta oder Purpur. Die betroffenen Körperstellen können zusätzlich 20 Minuten mit Rot, Orange oder Purpur behandelt werden.

Farbpunktur

A3 (Tafel 1): Rot. A5 (Tafel 1): Magenta. R24 (Tafel 2): Rot. R5 (Tafel 1): Magenta. Lokal: Rot.

Durchfall

Entzündungen und Störungen der Verdauungsorgane, Infektionen, Vergiftungen und psychische Einflüsse sind nur einige der zahlreichen möglichen Ursachen eines Durchfalls.

Allgemein

Der hohe Verlust an Flüssigkeit und Elektrolyten (Mineralstoffen) kann gefährliche Folgen wie Kreislaufversagen nach sich ziehen, die Sie aber durch viel Trinken (am besten gesüßter Schwarztee oder verdünnter Fruchtsaft) verhindern können. Wenn die Ursache vor allem im psychischen Bereich liegt (zum Beispiel Prüfungsangst oder negative Erlebnisse können nicht „verdaut" werden), unterstützen Sie den Verdauungsapparat mit Ruhe und leichter Kost. Darüber hinaus sind Visualisationsübungen empfehlenswert, um Ängste („Schiss") in Vertrauen und Selbstbewusstsein zu verwandeln.

Farbbestrahlung

Bestrahlen Sie die ganze vordere Körperseite 20 Minuten lang mit Grün oder Türkis, dann den Bauch 10 Minuten lang mit Gelb, um anfangs die Darmperistaltik anzuregen. Wenn der Durchfall jedoch nach einem Tag nicht abgeklungen ist, empfiehlt sich eine 30-minütige Blau- oder Indigobestrahlung auf den Bauch.

Farbpunktur

R21 (Tafel 1): Blau. B2 (Tafel 3+1): Gelb/Violett. R11 und R12 (Tafel 1): Blau. B3 (Tafel 4): Blau. A1 (Tafel 1): Rot/Grün. A10 (Tafel 2): Rot/Grün.

Entzündung

Entzündungsvorgänge im Körper sind an den typischen Merkmalen Rötung, Schwellung, Wärme und Schmerz zu erkennen. Der Körper wehrt sich auf diese Weise gegen schädliche Einflüsse. In jedem Fall muss die Ursache gefunden werden, insbesondere dann, wenn Fieber besteht. Indem die Farbtherapie das Immunsystem stärkt und die Ausleitung von Giftstoffen fördert, hilft sie auch bei Entzündungen.

Allgemein

Auf die entzündete Stelle kann man etwas Lavendelöl extrafein geben und ein steriles dunkelblaues Tuch darüberbinden. Regelmäßige Reinigungen der Wunde sind selbstverständlich.

Farbbestrahlung

Bestrahlen Sie je nach Lage des Entzündungsherdes entweder die vordere oder die hintere Körperseite 30 Minuten mit der Farbe Grün. Sie können auch blaues Licht direkt 20 Minuten lang auf die entzündete Stelle richten. (Siehe auch *Fieber*.)

Farbpunktur

A10 (Tafel 2): Blau. A4 (Tafel 1): Rot. B19 (Tafel 4): Rot. R5 (Tafel 1): Violett. R19 (Tafel 3+1): Blau. B2 (Tafel 3+1): Orange. K12 (Tafel 2): Blau. B13 (Tafel 4): Blau.

Erkältung/ Grippaler Infekt

Eine Erkältung macht sich durch Schnupfen, Halsweh, Kopf-, Muskel- und Gliederschmerzen sowie Kälteempfindlichkeit bemerkbar. Wenn zum Beispiel durch Abkühlung des Körpers oder einzelner Körperteile die Abwehrkräfte geschwächt sind und zusätzlich Krankheitserreger in den Organismus eindringen, können wir uns leicht eine „Grippe" einfangen. (Siehe auch die Stichworte *Entzündung, Fieber, Halsentzündung* und *Immunschwäche*.)

Allgemein

Generell gilt: Halten Sie Ihren Körper warm. Früh genug durchgeführt, kann auch eine Schwitzkur (Badewanne, Sauna, schweißtreibende Tees wie Lindenblütentee) den Krankheitsverlauf abkürzen. Ansonsten sollten Sie sich möglichst schonen (Bettruhe), genügend schlafen, leichte Kost bzw. wärmende Suppen zu sich nehmen und auf das Rauchen verzichten. Wichtig ist auch, für ausreichende Luftfeuchtigkeit in den Wohnräumen zu sorgen.

Farbbestrahlung

Im Anfangsstadium kann man den Kopf- und Oberkörperbereich 30 Minuten mit rotem Licht behandeln.
Ist der Krankheitsprozess schon weiter fortgeschritten, bestrahlen Sie die ganze vordere Körperseite 30 Minuten mit Grün und anschließend Kopf und Oberkörper 20 Minuten mit Blau.

Farbpunktur

A10 (Tafel 2): Rot. A1 (Tafel 1): Grün. K3 und K12 (Tafel 2): Rot. K1 (Tafel 3): Grün. A4 (Tafel 1): Rot. Bei Schnupfen: K8 (Tafel 1) im Anfangsstadium mit Rot, bei gelbem Nasenschleim mit Blau.

Ermüdung/ Erschöpfung

Wenn wir uns müde fühlen, ist das normalerweise ein ganz natürliches und sinnvolles Signal dafür, dass es Zeit ist, eine Pause einzulegen oder schlafen zu gehen. Sind Müdigkeit und Erschöpfung jedoch trotz normaler Ruhephasen ein Dauerzustand, muss ein Arzt klären, welche Erkrankung dahinter steckt. (Siehe auch *Blutarmut, Blutniederdruck* und Seite 79.)

Allgemein

Achten Sie auf genügend Schlaf, Pausen, körperliche Bewegung an frischer Luft und gesunde Ernährung (siehe allgemeine Empfehlungen zur Gesundheit auf Seite 78).

Farbbestrahlung

Vorübergehende Erschöpfungsphasen können mit Rot- oder Orangebestrahlung auf den ganzen Körper (10 bis 20 Minuten) überwunden werden. Eine Ganzkörperbestrahlung mit Grün (20 Minuten lang) harmonisiert und wirkt erholend.

Farbpunktur

B15 und **B18** (Tafel 4): Orange. **B17** (Tafel 4): Rot/Grün. **B2** (Tafel 3+1): Orange.

R11, **R12** und **R13** (Tafel 1): Orange.

Fieber

Eine Erhöhung der normalen Körpertemperatur äußert sich in Hitzegefühl, Schweißausbrüchen, Schüttelfrost und allgemeiner Mattigkeit.
Hierfür gibt es zahlreiche Ursachen, die medizinisch abgeklärt werden sollten. In der Naturheilkunde wird versucht, das Fieber als eine Heilmaßnahme des Körpers kontrolliert aufrecht zu erhalten.

Allgemein

Fieber unterstützt zwar die natürliche Körperabwehr, dennoch sollte es regelmäßig gemessen und bei hoher Temperatur auch eingegriffen werden. Ab 39,5 bis 40 Grad sind kalte Wadenwickel, als altes fiebersenkendes Hausmittel, sowie kurze Anwendungen mit blauem Wasser bzw. Fußbäder (lauwarm bis kalt) ratsam.

Farbbestrahlung

Bestrahlen Sie die ganze vordere Körperseite 30 Minuten lang mit Grün. Steigt das Fieber jedoch über 39 Grad, verwenden Sie blaues Licht, bis die Temperatur sinkt. Achten Sie bitte darauf, dass der

Behandlungsraum warm genug ist. (Siehe auch die Stichworte *Erkältung, Entzündung* und *Halsentzündung*.)

Farbpunktur

K12 (Tafel 2): Blau. **A1** (Tafel 1): Blau. **A10** (Tafel 2): Blau (siehe auch *Entzündung, Erkältung, Immunschwäche*). **A6** (Tafel 1): Blau. **K1** (Tafel 3): Blau. **B19** (Tafel 4): Türkis.

Halsentzündung

Schluckbeschwerden, Engegefühl und Stechen im Hals neben allgemeinen Krankheitszeichen wie Fieber oder Kopfschmerz deuten auf eine Mandelentzündung hin. Da diese Beschwerden aber auch häufig im Zusammenhang mit anderen Infektionskrankheiten auftreten, ist eine medizinische Abklärung in jedem Fall notwendig.

Allgemein

Zusätzlich zu den Empfehlungen unter den Stichworten Erkältung, Fieber, Bronchitis und Entzündung können Sie mit warmem Salbeitee oder Salzwasser gurgeln. Gleichzeitig ist es hilfreich, ein blaues Seidentuch um den Hals zu wickeln.

Farbbestrahlung

Bestrahlen Sie zuerst die ganze vordere Körperseite 30 Minuten lang mit Grün, danach den Hals-, Mund- und Ohrenbereich von links, rechts und von vorne insgesamt ebenfalls 30 Minuten mit Blau.

Farbpunktur

A9 (Tafel 1): Blau. **A4** (Tafel 1): Blau. **A10** (Tafel 2): Grün. **K11** (Tafel 3): Blau. **K3** und **K12** (Tafel 2): Blau.

Hämorriden

Bindegewebsschwäche, überwiegend sitzende Lebensweise und Verstopfung, die wiederum durch Ernährungsfehler begünstigt wird, sind die Hauptursachen für Hämorriden. Diese knotenförmigen Erweiterungen der Venen des Mastdarms können leicht bluten und sind zudem schmerzhaft.

Allgemein

Benutzen Sie, wann immer es möglich ist, kein trockenes Toilettenpapier, sondern reinigen Sie den After gründlich mit Wasser oder angefeuchtetem Papier. Zur Heilung der Hämorriden trägt auch ein Sitzbad bei, das Sie aus Eichenrindensud bereiten. Darüber hinaus können Sie

Ihre Darmschließmuskeln durch mehrfaches An- und Entspannen kräftigen. Schließlich hilft auch eine ballaststoffreiche Ernährung durch einen geregelten Stuhlgang Hämorriden zu vermeiden.

Farbbestrahlung

Bestrahlen Sie die ganze hintere Körperseite 30 Minuten lang mit Grün, danach die Analgegend ebenso lange mit Blau. Günstig sind auch Sitzbäder in blau bestrahltem, recht kühlem Wasser oder Kompressen, die mit blau bestrahltem Wasser angefeuchtet und danach auf den After gelegt werden.

Farbpunktur

B15 (Tafel 4): Blau. **B9** (Tafel 2): Rot/Grün. **K1** (Tafel 3): Rot. Abschließend die betroffenen Körperstellen direkt mit Blau bestrahlen.

Hautprobleme/ Pickel

In den meisten Fällen sind psychische Belastungen und Veränderungen im Hormonhaushalt (Pubertät) die Ursache für Hautprobleme; dazu kommen verschiedene Stoffwechsel- und Organstörungen, Ernährungsfehler sowie allergische Reaktionen.

Allgemein

Meiden Sie fettreiche Nahrungsmittel, stark gewürzte Speisen und Süßigkeiten (zum Beispiel Pommes frites, fettes Schweinefleisch, Schokolade). Bei der Körperreinigung verzichten Sie besser auf herkömmliche Seifen und waschen sich statt dessen mit grün bestrahltem Wasser oder speziellen Kräuteraufgüssen (fragen Sie in Apotheken oder Drogerien nach). Alternativ können Sie auch einen Rohsmaragd für einige Stunden in Wasser legen und dieses dann zum Waschen verwenden. Betupfen Sie danach die betroffenen Hautstellen mit in Eigenurin getränkten Wattepads. Empfehlenswert sind auch Trinkkuren mit Kräutertees, zum Beispiel aus Brennnessel und Stiefmütterchen, die blutreinigend wirken.

Farbbehandlung

Führen Sie zuerst eine 10-minütige Ganzkörperbestrahlung mit Grün durch, welches harmonisiert. Danach behandeln Sie
a) nässende Hautprobleme lokal 30 Minuten mit Indigo,
b) trockene Hautprobleme lokal 30 Minuten mit Orange.

Farbpunktur

K12 (Tafel 2): Rot. **B8** (Tafel 2): Rot. **A2** (Tafel 1): Türkis. **B13** (Tafel 4): Rot/Grün (auch bei Juckreiz). **A10** (Tafel 2): Blau. **A1** (Tafel 1): Rot/Grün (auch bei Juckreiz). Bei Juckreiz zusätzlich **B15** (Tafel 4): Blau.

Herzproblematik

Das Herz ist unser zentralstes Organ und somit auch fast allen inneren und äußeren Einflüssen ausgesetzt. Starkes Herzklopfen, Atemnot, Schwindel, Wassereinlagerungen, all diese Symptome und andere können auf Herzkrankheiten hindeuten. Farbtherapie kann die Tätigkeit des Herzens stärken und harmonisieren helfen.

Allgemein

Da unser Herz ein empfindliches Organ ist, sollten wir es vor zu viel Aufregung schützen, auch Gier in jeder Form tut dem Herzen nicht gut. Fragen Sie sich zudem, wie es mit der Liebe in Ihrem Leben steht. (Siehe auch allgemeine Empfehlungen zur Gesundheit auf Seite 78.)

Farbbestrahlung

Bestrahlen Sie den ganzen Körper, vor allem aber die Herzgegend vorne und hinten 30 Minuten mit grünem Licht. Des Weiteren wird je nach Symptomatik behandelt:

■ Bei erhöhtem Puls eignen sich zusätzlich Blau, Indigo oder Violett (10 Minuten) auf die Herzgegend.

■ Bei zu langsamem Puls und bei Herzschwäche wirkt sich eine 10-minütige Rotbestrahlung auf die Herzgegend günstig aus. Bei Engegefühl in der Herzgegend sind Bestrahlungen auf die Brustgegend mit Purpur oder Violett (10 Minuten) zu empfehlen.

Farbpunktur

R24 (Tafel 2): Violett. **A3** (Tafel 1): Violett. **A7** (Tafel 1): Violett. **R5** (Tafel 1): Violett oder Rot.

Immunschwäche

Eine Immunschwäche, also eine verminderte Abwehrkraft des Körpers gegen Krankheitserreger und körperfremde Substanzen wird häufig durch Stress, bestimmte Medikamente oder Ernährungsfehler hervorgerufen. In ihrer Folge können Allergien, Infektionskrankheiten oder sogar Krebs entstehen.

Allgemein

In einer Visualisationsübung können Sie sich vorstellen, wie alle „Eindringlinge" abgewehrt werden (siehe auch Seite 72). Türkisfarbenes Licht auf der Körperoberfläche (als Schutz) und rotes Licht im Körper (zur Anregung der Abwehrkraft) unterstützen diese Übung. Weitere Empfehlungen finden Sie unter den Stichworten *Erkältung, Fieber* und *Entzündung.*

Farbbestrahlung

Trinken Sie regelmäßig vor den Mahlzeiten mit Rot bestrahltes Wasser. Weiter können Sie, um Ihre Immunkraft zu stärken, nach folgender Anleitung vorgehen: Bestrahlen Sie den ganzen Körper abwechselnd von vorne und hinten je 20 Minuten lang mit Rot. Bei der zweiten Behandlung nehmen Sie Grün und bei der dritten Gelb, wobei Sie zusätzlich jedesmal für 10 Minuten rotes Licht auf den Kreuzbeinbereich richten. Fahren Sie in diesem Rhythmus fort.

Farbpunktur

K12 (Tafel 2): Rot. **B2** Tafel 3+1): Orange. **A1** (Tafel 1): Rot. **R22** (Tafel 2): Orange. **B13** (Tafel 4): Orange. **B15** (Tafel 4): Orange.

Ischiassyndrom

Kälteeinwirkung, Bandscheibenproblematik, Stoffwechselstörungen oder verschiedene Erreger können das Ischiassyndrom hervorrufen. Dabei handelt es sich um eine sehr schmerzhafte, meist entzündliche Reizung der großen Beinnerven.

Allgemein

Schmerzlindernd wirken neben Ruhe und einer Wärmflasche auch ein Seidenschal in grüner oder blauer Farbe, der um den betreffenden Körperteil gebunden wird, sowie Massagen.
Lassen Sie sich nach Abklingen der Schmerzen beraten, welche Bewegungsformen bzw. welche Gymnastik für Sie geeignet sind. (Siehe auch *Verspannung.*)

Farbbestrahlung

Bestrahlen Sie zuerst die Körperrückseite 30 Minuten lang mit Grün oder Türkis, anschließend die schmerzende Stelle lokal 10 Minuten mit Blau oder Indigo.

Farbpunktur

Schmerzende Stelle lokal mit Blau bestrahlen. **B6** (Tafel 2): Blau. **B8** (Tafel 2): Blau. **B10** (Tafel 3): Blau. **B11** (Tafel 3): Blau oder Grün. **A12** (Tafel 2): Blau. **A10** (Tafel 2): Blau.

Knochenbruch

Ein Knochenbruch muss auf jeden Fall ärztlich behandelt werden. Nach dem fachgerechten Richten des Bruchs kann Farbtherapie den Heilungsprozess unterstützen.

Allgemein

Anfangs ist eine Ruhigstellung des betroffenen Körperteils nötig. Sobald wie möglich sollten Sie aber Bewegungsübungen machen (fragen Sie den Chirurgen!), um die Durchblutung und damit die Heilung zu fördern. Im Rahmen einer Farbtherapie können Sie zur Förderung der Regeneration die Bruchstellen mit orangefarbenen Stoffen bedecken. Lassen Sie zusätzlich in Visualisationsübungen orangefarbenes und grünes Licht die betroffenen Stellen durchfluten und stellen Sie sich vor, wie Sie sich ganz natürlich, ungehindert und schmerzfrei bewegen.

Farbbestrahlung

Im Allgemeinen wirkt sich eine Grünbestrahlung (10 Minuten) günstig aus. Sie können den betreffenden Körperteil durch den Gips hindurch auch 20 Minuten lang mit Orange bestrahlen, was das Knochenwachstum fördert. Wenn sich Juckreiz einstellt, nehmen Sie blaues Licht, bis der Reiz nachlässt.

Farbpunktur

B19 (Tafel 4): Orange. **B15** (Tafel 4): Gelb. **B17** (Tafel 4): Orange. **B16** (Tafel 4): Orange. Bei Schmerzen: **A10** (Tafel 2): Blau.

Kommunikationsprobleme

Kommunikation oder Verständigung setzt voraus, dass wir uns anderen Menschen öffnen und uns ihnen mitteilen können. Weil sie die Basis aller menschlichen Kontakte ist, führt ihre Störung häufig zu Frustration, Einsamkeit und infolgedessen sogar zu körperlichen Erkrankungen. Im Gegensatz dazu beugt eine klare, reibungslose Verständigung vielen alltäglichen und seelischen Problemen vor. (Siehe auch *Depression*.)

Allgemein

■ Üben Sie die Fähigkeit des wirklichen Zuhörens und lernen Sie so besser zu verstehen, was Ihr Gegenüber sagen möchte.

■ Üben Sie sich darin, Ihre Gedanken und Gefühle auszudrücken. Entspannen Sie sich, hören Sie in sich hinein, damit Sie Ihre innere Stimme wahrnehmen.

■ Eine weitere Übung können Sie beispielsweise auch bei einer Autofahrt machen, wenn Sie allein sind: Artikulieren Sie alle möglichen (und unmöglichen) Laute, sprechen Sie alle Wörter aus, die Ihnen in den Kopf kommen, auch wenn sie anscheinend keinerlei Sinnzusammenhang haben. Diese Übung wird Ihre „Sprache befreien".

Umgeben Sie sich außerdem mit den Farben Gelb und Orange, die Ihre Lebendigkeit und das Aus-sich-Herausgehen fördern.

Farbbestrahlung

Bestrahlen Sie 5 bis 10 Minuten lang Ihr Sprachzentrum an der Kehle (Halschakra) mit Blau. Den Zugang zu Ihren inneren Empfindungen können Sie durch 5- bis 10-minütige Bestrahlungen der Herzgegend mit Grün oder Rosa anregen. Während sich die geistige Klarheit mit ebenso langen Blau- oder Indigobestrahlungen der Stirn, insbesondere der Stelle zwischen den Augen, fördern lässt.

Konzentrationsstörungen

Das Zusammenfassen geistiger und körperlicher Kräfte auf ein Ziel hin nennt man Konzentration. Diese Zielorientiertheit unterstützt uns dabei, unsere Wünsche oder Vorstellungen in die Tat umzusetzen, erfordert jedoch gleichzeitig konsequente Entscheidungen: Ein klares Ja zu einer bestimmten Sache und ein ebenso klares Nein zu so genannten Hintertürchen.

Allgemein

1. Wenn Sie sich gar nicht konzentrieren können, sich „matschig" oder verwirrt fühlen, kann es hilfreich sein, auf alle Arten von Süßigkeiten zu verzichten.

2. Sind Sie verärgert, enttäuscht, frustriert und können sich deshalb nicht konzentrieren, sollten Sie sich möglichst viel bewegen und versuchen, Ihre Kreativität auszudrücken (malen, tanzen usw.).

3. Konzentrieren Sie sich im Gegenteil zu stark, haben Sie deshalb einen heißen Kopf

und Schlafprobleme und können die innere Anspannung nicht mehr lösen, sind Entspannungsübungen ratsam.

Farbbestrahlung

Behandeln Sie die ganze Körpervorderseite je 20 Minuten:
bei 1. mit Gelb (Schwerpunkt Bauchgegend),
bei 2. mit Magenta oder Grün und Orange im Wechsel,
bei 3. mit Grün und Blau (Schwerpunkt Herz- und Kopfbereich).
Diese Farben sollten Sie auch vermehrt in Ihre Umgebung einbringen und in Visualisationsübungen anwenden.

Farbpunktur

B20 (Tafel 4): Gelb. **B15** (Tafel 4): Blau/Orange. **B2** (Tafel 3+1): Gelb. **B4** (Tafel 1): Türkis. **A3** und **A7** (Tafel 1). Violett. Den Punkt zwischen den Augenbrauen: lokal mit Blau.

Kopfschmerzen

Kopfschmerzen können auf Kreislaufprobleme, Erkrankungen des Gehirns, seelisches Ungleichgewicht und andere Ursachen zurückgehen. Bei Migräne handelt es sich um Schmerzen, die anfallartig auftreten und sich eher auf bestimmte Bereiche des Kopfes beschränken.

Allgemein

Wie immer sollte auch hier eine medizinische Diagnose gestellt und eine entsprechende Behandlung eingeleitet werden. Davon abgesehen wird allgemein empfohlen, Stress zu verringern, Entspannungs- und Farbvisualisationsübungen („blauer" freier Kopf) sowie Massagen durchzuführen. Daneben ist es ratsam, auf ausreichende Ruhepausen zu achten und auf scharfe sowie fettreiche Speisen, Süßigkeiten, Alkohol und Nikotin zu verzichten.

Farbbestrahlung

Eventuell hilft eine 10-minütige Ganzkörperbestrahlung mit Grün, danach eine Behandlung des Kopfes mit Violett für 10 bis 30 Minuten. Sollte die gewünschte Wirkung ausbleiben, nehmen Sie stattdessen Blau. In eher seltenen Fällen kann sogar mit Rotlicht auf den Kopf gerichtet eine Besserung erzielt werden.

Farbpunktur

A10 (Tafel 2): Rot/Grün. **A1** (Tafel 1): Rot/Grün. **K4** (Tafel 2): Grün. **K1** (Tafel 3): Blau. **B4** (Tafel 1): Grün. **B7** (Tafel 4): Grün. **R9** (Tafel 1): Gelb. **K12** (Tafel 2): Orange.

Krampfadern

Schwere Beine, Schwellungen sowie eine geschlängelte, bläuliche Zeichnung erweiterter oberflächlicher Venen an den Beinen deuten auf Krampfadern hin. Häufig bilden sie sich bei überwiegend stehender Berufstätigkeit, aufgrund von Bindegewebsschwäche und Übergewicht sowie in der Schwangerschaft.

Allgemein

Ausreichende Bewegung ist die wichtigste Voraussetzung, um die Gefäße stark und das Gewebe straff zu halten. Daneben entlasten das Hochlegen der Beine und auch Stützstrümpfe die Venen.

Farbbestrahlung

Empfohlen wird eine Ganzkörperbestrahlung zuerst mit Grün und danach mit Magenta, jeweils 10 Minuten lang. Danach wird auf das betroffene Gebiet 20 Minuten Rot und 10 Minuten Blau gestrahlt. Eine 10-minütige Rotbehandlung der Kreuzbeingegend regt zusätzlich die Bewegungslust an.

Farbpunktur

R5 (Tafel 1): Rot. K1 (Tafel 3): Rot. R13 (Tafel 1): Rot. A5 (Tafel 1): Rot. B2 (Tafel 3+1): Rot. B13, B14 und B15 (Tafel 4): Rot.

Leber- und Gallenprobleme

Leber- und Gallenprobleme können sich unter anderem durch Gelbsucht, Koliken und Verdauungsstörungen bemerkbar machen. Als Ursachen kommen neben Virusinfektionen (Hepatitis, nur vom Arzt zu behandeln!) auch Alkoholmissbrauch, Ernährungsfehler oder ein Verschluss der Gallenwege infrage.

Allgemein

Gönnen Sie sich viel Ruhe und bevorzugen Sie eine leichte, vitaminreiche Kost, wobei Sie auf Alkohol und fettreiche Speisen ganz verzichten sollten. Daneben haben sich auch Mariendistelpräparate bei Leber- und Gallenproblemen sehr bewährt.

Farbbestrahlung

Um die Regeneration der Leber zu unterstutzen, können Sie den ganzen Vorderkorper 10 Minuten lang mit Grün bestrahlen, bei akuter Leberproblematik empfiehlt sich eine 10-minütige Blaubehandlung des Oberbauchbereichs. Daneben hilft auch eine Wechselbestrahlung mit Gelb

(20 Minuten) und Rot (10 Minuten), die Leber weiter aufzubauen und die Verdauung anzuregen. (Siehe auch *Blähungen*.)

Farbpunktur

R25 (Tafel 2): Grün. **R17, R18** und **R19** (Tafel 1): Grün. **R9** (Tafel 1): Gelb. **B2** (Tafel 3+1): Gelb.

Zusätzlich:

- wenn es der Person eher zu warm ist: **B4** (Tafel 1): Grün. **B11** (Tafel 3): Grün.
- wenn die Person eher friert: **R26** (Tafel 2) Rot.

Logisches Denken, gestörtes

Was wir erkannt haben, verknüpfen wir nach logischen Gesetzen und kommen so zu Schlussfolgerungen. In vielen Berufen ist logisches Denken eine unentbehrliche Voraussetzung zum Erfolg. Aber auch im Privatleben kann es manchmal nicht schaden, die Dinge auch nach logischen Gesichtspunkten zu bewerten.

Allgemein

Wenn wir übererregt oder unkonzentriert sind, fällt uns logisches Denken meist schwer. Hier helfen beruhigende Maßnahmen, wie zum Beispiel eine Farbtherapie mit Blau oder Violett. Ist die Unfähigkeit zu logischem Denken eher auf Müdigkeit und Konzentrationsschwäche zurückzuführen, sollten Sie sich mit gezielten Anregungen wieder erfrischen, beispielsweise mit den Farben Rot und Orange. Grün harmonisiert sowohl bei Übererregung als auch bei Lethargie.

Empfehlenswert ist auch Gelb, das allgemein logisches Denken fördert. (Siehe auch Kapitel „Anwendungsformen der Farbtherapie", Seite 55 – 76.)

Farbbestrahlung

Die oben genannten Farben eignen sich auch für Farbbestrahlungen des ganzen Körpers (jeweils 20 Minuten) sowie für eine zeitweilige Raumbeleuchtung.

Farbpunktur

Siehe Empfehlung unter *Konzentration*.

Magenschmerzen

Magenschmerzen sind meist emotions- und stressbedingt oder treten nach zu hastigem Essen auf. Aber auch unverträgliche Nahrungsmittel, Suchtmittel, einige Medikamente, Vergiftungen und verschiedene Infektionskrankheiten können eine Magenschleimhautreizung bis hin zur Magengeschwürbildung hervorrufen.

Allgemein

Bei nervös bedingten Magenschmerzen sind beruhigende und entkrampfende Maßnahmen ratsam. Außerdem ist es günstig, nur stilles Wasser oder Kamillentee zu trinken und auf Schonkost umzusteigen. Machen Sie zusätzlich eine Farbvisualisationsübung, bei der Sie sich vorstellen, dass Sie von einer schützenden Hülle aus blauem Licht umgeben werden.

Farbbestrahlung

Bei akuten Beschwerden wirkt eine 10-minütige Bestrahlung mit Orange auf die Magen-/ Oberbauchgegend entkrampfend. Daneben empfehlen wir eine lokale Bestrahlung mit Grün oder Türkis (10 bis 20 Minuten), die harmonisiert, gefolgt von einer entspannenden und beruhigenden Blau- oder Indigobehandlung, die etwa 10 Minuten lang auf den Magen und Oberbauch gerichtet wird. Bei chronischen Magenverstimmungen, die medizinisch abgeklärt werden sollten, verwenden Sie zusätzlich Gelb und Orange über dem Magen.

Farbpunktur

B2 (Tafel 3+1): Blau/Orange. R9 (Tafel 1): Gelb. B3 (Tafel 4): Violett. R21 (Tafel 1): Violett. R18 und R19 (Tafel 3+1): Grün. A3 (Tafel 1): Purpur.

Nasennebenhöhlenentzündung

In unmittelbarer Nähe der Nase, in den Gesichtsknochen (Stirn und Oberkiefergegend) befinden sich die Nasennebenhöhlen. Ihre Entzündung ist meist die Folge einer Erkältung bzw. einer Infektion im Nasen- und Rachenraum oder der Zähne und verursacht Schmerzen im Stirn- oder Kieferbereich.

Allgemein

Inhalationen mit Wasser- oder Kamillendampf wirken wohltuend lösend und reinigend, ebenso Salzwasser oder Eigenurin, in die Nase gezogen. Was die Ernährung angeht, so vermeiden Sie besser Milchprodukte und Süßigkeiten. (Siehe auch die Empfehlungen unter den Stichworten *Erkältung, Entzündung, Halsentzündung* und *Immunschwäche*.)

Farbbestrahlung

Bestrahlen Sie für 20 bis 30 Minuten die gesamte Körpervorderseite mit Grün, danach 20 Minuten lang das Gesicht mit Blau.

Farbpunktur

A10 (Tafel 2): Blau. **A1** (Tafel 1): Blau. **K1** (Tafel 3): Blau. **K8** (Tafel 1): Blau. Schmerzhafte Stellen bestrahlen Sie direkt mit Türkis. (Siehe auch Angaben unter den Stichworten *Entzündung, Erkältung, Fieber, Halsentzündung.*)

Nervosität

Nervosität entsteht durch Überreizung, berufliche und private Überforderung, Entscheidungsschwierigkeiten und Unsicherheit. In der aktuellen Situation spüren wir sie als quälende Unruhe. Wird sie zum ständigen Begleiter, können sich mit der Zeit auch viele körperliche Beschwerden entwickeln.

Allgemein

Zuerst gilt es, die Ursache zu finden und entsprechend zu behandeln. Bauen Sie auch regelmäßige Entspannungs- und Ruhepausen in ihren Alltag ein.
Setzen Sie außerdem bei allem, was Sie tun, Prioritäten.

(Siehe auch *Ängste, Schlaflosigkeit* und *Wechseljahrsbeschwerden.*)

Farbbestrahlung

Bestrahlen Sie die vordere Körperseite 30 Minuten lang mit Violett, danach eventuell den Kopf 10 Minuten lang mit Magenta.

Farbpunktur

A7 (Tafel 1): Violett. **R5** und **R7** (Tafel 1): Violett. **B17** und **B19** (Tafel 4): Violett. **K1** (Tafel 3): Blau. **K4** (Tafel 2): Grün. **B4** (Tafel 1): Grün. **B11** (Tafel 3): Grün.

Ohrenschmerzen

Meist werden Ohrenschmerzen durch eine Mittelohrentzündung verursacht, vor allem bei kleinen Kindern. Zugluft und Kälteeinwirkung können dieses Symptom zusätzlich verschlimmern.

Allgemein

Halten Sie Kopf und Ohren warm, zum Beispiel mit einer blauen Mütze. Dampf- und warme Fußbäder wirken lindernd, ebenso wie Zwiebelwickel. Dafür werden Zwiebeln fein gehackt, ohne Fett gedünstet, in ein Tuch eingeschlagen und auf das erkrankte Ohr gelegt. (Siehe auch die Stichworte *Erkältung, Zahnprobleme* und *Halsentzündung*.)

Farbbestrahlung

Empfohlen wird die Bestrahlung der Körpervorderseite mit Grün oder Türkis (10 Minuten lang), gefolgt von Blau oder Violett direkt auf die Ohren (20 Minuten lang). Wenn die Ohren „laufen", kann auch 10 Minuten mit Orange bestrahlt werden.

Farbpunktur

Lokale Bestrahlung mit Blau. K4 (Tafel 2): Grün. A10 (Tafel 2): Blau. A1 (Tafel 1): Blau. B11 (Tafel 3): Grün.
Bei chronischem Verlauf zusätzlich: R25 (Tafel 2): Orange. B2 (Tafel 3+1): Orange. B15 (Tafel 4): Orange.

Schilddrüsenstörungen

Die Schilddrüse ist eine schmetterlingsförmige Hormondrüse unterhalb des Kehlkopfs, die vor allem unseren Stoffwechsel steuert. Jodmangel führt häufig dazu, dass sie sich vergrößert (Kropf), gleichzeitig aber nicht mehr genügend Hormone bilden kann. Diese Unterfunktion geht unter anderem mit Müdigkeit, Kälteempfindlichkeit, Übergewicht, Verstopfung und Depressionen einher. Im Gegensatz dazu äußert sich eine Überfunktion – die vielfältige Ursachen haben kann – in Nervosität, Herzklopfen, Schwitzen, Durchfall usw.

Allgemein

Bei einer Schilddrüsenvergrößerung ohne Veränderung der Funktion oder bei Unterfunktion sollten Sie für eine ausreichende Jodzufuhr sorgen (zum Beispiel jodiertes Speisesalz verwenden). Achten Sie darüber hinaus auch auf eine gute Verdauung und versuchen Sie emotionale Probleme möglichst umgehend zu klären. Bei Schilddrüsenüberfunktion (Hyperthyreose) kann eine beruhigende Farbvisualisationsübung hilfreich sein, bei der Sie sich vorstellen, wie Ihr ganzer Körper, vor allem aber Ihre Kopf- und Halsgegend, von blauem Licht durchströmt wird.

Farbbestrahlung

Bei Schilddrüsenvergrößerung ohne Veränderung der Funktion oder bei Unterfunktion behandeln Sie die ganze Körpervorderseite 30 Minuten lang mit Orange, gefolgt von einer 10-minütigen Grünbestrahlung des Kopfes. Bei ausgeprägter Schilddrüsenvergrößerung richten Sie Indigo, welches Schwellungen abbaut, 10 Minuten lang auf die Halsgegend.

Im Fall einer Schilddrüsenüberfunktion bestrahlen Sie die ganze vordere Körperseite 20 Minuten lang mit Blau oder Indigo, dann nochmals den Kopf 5 Minuten lang mit Grün. Bei ausgeprägtem Herzklopfen richten Sie anschließend purpurfarbenes oder violettes Licht für 5 bis 10 Minuten auf die Herzgegend.

Farbpunktur

Bei Unterfunktion:
Lokale Bestrahlung am Hals erst mit Grün, dann mit Rot. **B17** und **B16** (Tafel 4): Rot. **R26** (Tafel 2): Rot. **B2** (Tafel 3+1): Orange. **R12** und **R13** (Tafel 1): Rot.
Bei Überfunktion:
Lokale Bestrahlung am Hals mit Blau. Außerdem: **B2** (Tafel 3+1): Gelb. **B15** (Tafel 4): Gelb. **B11** (Tafel 3): Türkis. **B4** (Tafel 1): Türkis. **A7** (Tafel 1): Türkis.

Schlafprobleme

Mögliche Ursachen sind zu späte Mahlzeiten oder zu schwere Speisen vor dem Schlafengehen, Schmerzen, ein Zuviel an Nikotin und Koffein sowie hormonelle Umstellungen. Auch Sorgen, Stress, Angst und Depressionen verhindern ein schnelles Einschlafen.

Allgemein

Die wichtigste Regel lautet hier: Klären Sie, was Sie belastet und wach hält. Verzichten Sie in Zeiten der Schlaflosigkeit ab dem frühen Nachmittag auf den Genuss von Kaffee, Schwarztee und anregenden alkoholischen Getränken. Nehmen Sie stattdessen vor dem Schlafengehen beruhigende Tees zu sich oder ein Glas Bier. Hopfen ist gut für die Nerven.

Sorgen Sie zusätzlich für eine besänftigende Atmosphäre in Ihrem Schlafzimmer (siehe Seite 65). Und versuchen Sie, eine feste Schlafenszeit und Rituale fürs Zubettgehen einzuführen.

Farbbestrahlung

Eine Ganzkörperbestrahlung am Abend mit Violett (30 Minuten) wirkt beruhigend. Bei starker Aufregung eignet sich auch Blau. Diese Farben können Sie auch bei einer Farbvisualisation einsetzen.

Farbpunktur

A3, A6 und **A7** (Tafel 1): Violett. **B15** und **B17** (Tafel 4): Violett. **R13** (Tafel 1): Violett. **R5** (Tafel 1): Violett.

Schmerzen

Die Ursachen für Schmerzen sind vielfältig und müssen daher immer medizinisch abgeklärt werden.

Allgemein

Zur Schmerzlinderung eignen sich Wärmeanwendungen, Ruhigstellung und eventuell Gymnastik sowie Massagen. Zusätzlich können Sie die Farbe Blau im schmerzhaften Bereich visualisieren.

Farbbestrahlung

Empfehlenswert sind lokale Bestrahlungen mit Blau (20 Minuten) sowie Ganzkörperbestrahlungen (etwa 20 Minuten) mit Indigo, Blau, Violett oder Purpur.

Farbpunktur

Lokale Bestrahlung an der Schmerzstelle mit Blau. **A10** (Tafel 2): Blau. **B4**, **R17** und **R18** (Tafel 1): Blau. **A7** (Tafel 1): Violett.

Schwangerschaftsbeschwerden

Eine werdende Mutter braucht während der Schwangerschaft viel Ruhe, Schutz und Unterstützung. Wenn Beschwerden auftreten, ist der Gynäkologe der wichtigste Ansprechpartner. Er weiß auch, wie man Komplikationen am besten vorbeugen kann.

Allgemein

Mit Farbtherapie können Beschwerden wie morgendliche Übelkeit und Magenschmerzen gelindert, eine schwache Blase gestärkt und Wassereinlagerungen wieder ausgeschwemmt werden.

Farbbestrahlung

Allgemein ausgleichend wirken eine Bestrahlung der Körpervorderseite mit Grün, 20 Minuten, gefolgt von Gelb auf den Bauch, 10 Minuten, und Magenta auf den vorderen Brust- und im Lendenbereich, jeweils 10 Minuten. Bei Übelkeit hilft Blau, das 10 Minuten auf die Magengegend gerichtet wird.

Farbpunktur

Zur allgemeinen Stärkung: **B2** (Tafel 3 ı 1): Orange. **R9** (Tafel 1): Orange. Bei Übelkeit: **R8** (Tafel 1): Blau. **A3** (Tafel 1): Grün. **Auf keinen Fall dürfen die folgenden Punkte behandelt werden: A10** (Tafel 2), **B4** (Tafel 1), **B15** (Tafel 4) und **B17** (Tafel 4).

Übergewicht

Neben ungünstigen Ernährungsgewohnheiten und mangelnder körperlicher Aktivität sind häufig unverarbeitete negative Erlebnisse, Ängste, Einsamkeit und das Gefühl des Ungeliebtseins die tieferen Ursachen für Übergewicht. (Siehe auch *Appetit, übermäßiger*.)

Allgemein

Im Vordergrund stehen die Behandlung der psychischen Probleme, die Einübung eines günstigeren Ernährungsverhaltens sowie ausreichende Bewegung. Eine Fastenkur unter fachlicher Anleitung mit darauf folgender Ernährungsumstellung ist ebenfalls empfehlenswert. Lassen Sie von Ihrem Arzt aber zuvor eventuelle medizinische Ursachen abklären.

Farbbestrahlung

Auch in diesem Fall ist eine 30-minütige Bestrahlung der ganzen vorderen Körperseite mit Grün anzuraten. Des Weiteren hängt die Behandlung von den Ursachen ab: Ist übermäßiger Hunger der Hauptverursacher, bestrahlen Sie 30 Minuten lang den Bauchbereich mit Violett und anschließend den Kopf 10 Minuten mit Grün. Um die Lust an mehr Bewegung zu wecken, richten Sie rotes Licht 10 Minuten auf den Becken- und Kreuzbeinbereich.

Farbpunktur

A7 (Tafel 1): Blau. A3 (Tafel 1): Grün. B2 (Tafel 3+1): Gelb/Violett. B4 (Tafel 1): Grün. R9 (Tafel 1): Violett. K1 (Tafel 3): Grün. R19 /Tafel 3+1): Grün. A1 (Tafel 1): Grün. R11 und R21 (Tafel 1): Violett.

Verspannung

Eine Muskelverkrampfung wird meist durch Stress, Überforderung, falsche Körperhaltung und einseitige Bewegungsabläufe sowie durch Ängste verursacht. Da Verspannungen sehr schmerzhaft werden können, führen sie häufig zu weiteren Bewegungseinschränkungen.

Allgemein

Lernen Sie Entspannungstechniken und gönnen Sie sich genügend Pausen in Ihrem Alltag. Beobachten und korrigieren Sie außerdem Ihre Haltung sowie Ihre Bewegungen. Gezielte Gymnastik und Massagen lockern und beugen weiteren Verspannungen vor. Nutzen Sie zusätzlich die entspannende und ausgleichende

Wirkung der Farben Blau, Grün und Violett (zum Beispiel als Kleidungsfarbe und bei der Raumgestaltung). Orange hilft bei Krampfzuständen.

Farbbestrahlung

Mischen Sie ein paar Tropfen Lavendelöl mit Sesamöl und reiben Sie die verspannten Stellen damit ein. Bestrahlen Sie anschließend direkt mit Blau. Wenn möglich, sollten Sie während der Bestrahlung leichte dehnende Bewegungen machen, eventuell die Muskeln auch nur an- und entspannen. Bei Muskelkrämpfen bestrahlen Sie direkt 20 Minuten lang mit Orange.

Farbpunktur

R25 (Tafel 2): Grün. Die folgenden Punkte können Sie mit Grün, Blau oder Türkis bestrahlen: **B4** (Tafel 1), **A4** (Tafel 1), **B14** (Tafel 4), **B11** (Tafel 3), **K4** (Tafel 2).

Warzen

Warzen sind Hautwucherungen, die durch ein Papilloma-Virus hervorgerufen und häufig durch seelische Belastungen begünstigt werden, zum Beispiel wenn sich die betroffene Person „unschön" fühlt.

Allgemein

Helfen können Waschungen mit Eichenrindentee sowie die Milch von Löwenzahnstängeln, die auf die Warzen aufgetragen wird. Wenn Sie es mit einer Farbtherapie versuchen wollen, tragen Sie blaue Socken oder blaue Handschuhe. Sie können die Warzen aber auch „besprechen". Kreieren Sie sich dafür eine Affirmation, zum Beispiel: „Liebe Warze, Du hast mir geholfen, mich wieder schön zu finden/mich selbst zu akzeptieren. Ich danke Dir für Deinen Dienst. Nun brauche ich dich nicht mehr." Wiederholen Sie nun diese so oft wie möglich, während Sie die betroffene Hautstelle liebevoll betrachten.

Farbbestrahlung

Bestrahlen Sie die Warzen direkt mit Blau. Zur allgemeinen Harmonisierung ist eine 20- bis 30-minütige Ganzkörperbestrahlung mit Grün empfehlenswert.

Farbpunktur

Lokale Bestrahlung mit Blau. Dann **B19** (Tafel 4): Rot. **K12** (Tafel 2): Orange. **A1** (Tafel 1): Rot. **B15** und **B13** (Tafel 4): Gelb. **A4** (Tafel 1): Rot.

Wechseljahrsbeschwerden

Frauen in den Wechseljahren (Menopause) leiden oft unter Hitzewallungen, Herzklopfen, Schlaflosigkeit und Depressionen. Diese Beschwerden werden durch die Umstellung des Hormonhaushalts hervorgerufen (es wird weniger Östrogen produziert).

Allgemein

Eine gesunde Ernährung und Lebensweise sowie viel Bewegung sind wesentliche Grundlagen für beschwerdearme oder -freie Wechseljahre. Besonders bedeutsam ist es nun, sich anstelle von Kindererziehung neue lohnenswerte Ziele oder Aufgaben vorzunehmen und sich dabei mehr nach innen, das heißt an den persönlichen Wünschen und Bedürfnissen zu orientieren.

Farbbestrahlung

Allgemein ausgleichend wirkt eine Bestrahlung der ganzen Körpervorderseite mit Grün (20 Minuten), gefolgt von Magenta (10 Minuten), danach wird der Kreuzbeinbereich 10 Minuten lang mit Magenta behandelt. (Siehe auch *Schlafprobleme.*)

Farbpunktur

B3 und B15 (Tafel 4): Blau. B17 (Tafel 4): Blau. R26 (Tafel 2): Blau. B14 (Tafel 4): Orange. B4 (Tafel 1): Grün. K1 (Tafel 3): Blau. A3 (Tafel 1): Purpur.

Zahnschmerzen

Bei Zahnschmerzen wird meistens ein Zahnarztbesuch unumgänglich. Bis dahin können Sie aber die Schmerzen mit Farbtherapie lindern.

Allgemein

Zur Behandlung von Zahnschmerzen eignet sich auch Nelkenöl, das, um den betroffenen Zahn herum aufgetupft, leicht betäubend wirkt.

Farbbestrahlung

Bestrahlen Sie den Mund- und Kopfbereich mit Blau oder Indigo, bis eine Schmerzlinderung spürbar ist (mindestens 20 Minuten).

Farbpunktur

A10 (Tafel 2): Blau. K4 (Tafel 2): Blau. K7 (Tafel 1): Blau. K6 (Tafel 2): Blau.

Zuckerkrankheit (Diabetes mellitus)

Die Zuckerkrankheit ist eine sehr häufige Zivilisationskrankheit, die durch Übergewicht und Bewegungsmangel begünstigt wird. Sie äußert sich in einem erhöhten und stark schwankenden Blutzuckerspiegel, was wiederum auf Insulinmangel zurückzuführen ist. Infolge des Diabetes kann es zu schweren Spätschäden, die insbesondere die Blutgefäße betreffen, kommen. Eine frühe ärztliche Diagnose und Behandlung ist deshalb sehr wichtig.

Allgemein

Ausreichend bewegen, Übergewicht bekämpfen (siehe *Übergewicht*), Diät und medikamentöse Behandlung nach Anweisung des Arztes einhalten, lautet die Empfehlung an Diabetiker.

Farbbestrahlung

Bestrahlen Sie den gesamten Bauchbereich 30 Minuten mit Gelb. Trinken Sie zusätzlich 15 bis 20 Minuten vor den Mahlzeiten ein Glas mit lauwarmem Wasser, das Sie mit gelbem Licht behandelt haben.

Farbpunktur

K1 (Tafel 3): Grün. A1 (Tafel 1): Orange. B15 (Tafel 4): Gelb. B2 (Tafel 3+1): Gelb. R19 (Tafel 3+1): Grün. B4 (Tafel 1): Grün. R9 (Tafel 1): Gelb. K12 (Tafel 2): Orange.

Suchhilfe für Akupunkturpunkte

A Arme   **B** Beine   **K** Kopf   **R** Rumpf

Punkt	Tafel	Chinesische Bezeichnung	Wie finde ich diesen Punkt?
A1	Tafel 1	Dickdarm 11	bei 90° gewinkeltem Ellenbogen, am äußeren Ende der Beugefalte
A2	Tafel 1	Lunge 5	in der Ellenbogenfalte an der dicken Endsehne des Bizeps, in Richtung zur Speiche
A3	Tafel 1	Kreislauf 6	2 Daumenbreiten über der Mitte der Handgelenksfalte, zwischen zwei Sehnen
A4	Tafel 1	Lunge 7	von der Pulstaststelle an der Handgelenksfalte 1,5 Daumenbreiten, in Richtung Ellenbogen
A5	Tafel 1	Lunge 9	am daumenseitigen Ende der Handgelenksfalte in einer Vertiefung (Pulstaststelle)
A6	Tafel 1	Kreislauf 7	Mitte der Handgelenksfalte, zwischen den beiden Sehnen
A7	Tafel 1	Herz 7	an der Handgelenksfalte außen in einer Mulde in einem Winkel zum Handwurzelknochen
A8	Tafel 1	Kreislauf 8	in der Mitte der Handinnenfläche
A9	Tafel 1	Lunge 11	am äußeren Nagelwinkel (der Hand abgewandten Seite) des Daumens
A10	Tafel 2	Dickdarm 4	Daumen eng an Hand anlegen: am Ende der Falte auf dem Handrücken zwischen Daumen und Zeigefinger
A11	Tafel 2	Dreifacher Erwärmer 3	auf dem Handrücken zwischen Ring- und kleinem Finger im Fingergrundgelenk in einer Vertiefung hinter den Knöcheln
A12	Tafel 2	Dünndarm 3	Bei lockerer Faust am Ende der untersten Falte an der Kleinfingerseite
B2	Tafel 3+1	Magen 36	3 Daumenbreiten vom unteren Ende der Kniescheibe seitlich der Schienbeinkante, außen
B3	Tafel 4	Milz 4	Im Innenbogen des Fußes etwa zwei Daumenbreiten hinter dem langen Knochen der Großzehe auf der Höhe zwischen roter und weißer Haut
B4	Tafel 1	Leber 3	in dem vom 1. und 2. Mittelfußknochen, in der Fortsetzung von 1. und 2. Zeh gebildeten Winkel, 2 Daumenbreiten oberhalb der Schwimmhaut

Punkt	Tafel	Chinesische Bezeichnung	Wie finde ich diesen Punkt?
B5	Tafel 4+1	Milz 2	an der inneren Seite der Großzehe an dessen Grundgelenk, zehwärts auf der Höhe zwischen roter und weißer Haut
B6	Tafel 2	Blase 37	auf der Verbindungslinie zwischen der „Poquerfalte" (4 Daumenbreiten Abstand) und der Mitte der Kniekehle (6 Daumenbreiten Abstand)
B7	Tafel 2	Blase 39	am Außenrand der Kniekehlenmitte, zugleich am Innenrand der Sehne
B8	Tafel 2	Blase 40	Mitte der Kniekehle
B9	Tafel 2	Blase 57	genau zwischen Kniekehlenmitte und Ferse (in der Mitte der Wade)
B10	Tafel 2+3	Galle 30	an der Außenseite des Pos nach $2/3$ der Strecke zwischen Kreuzbein und oberen Ende des Oberschenkelknochens
B11	Tafel 3	Galle 34	seitlich unterhalb vom Knie, direkt vor dem Wadenbeinköpfchen
B12	Tafel 1+3	Magen 41	genau zwischen Innen- und Außenknöchel in der Vertiefung zwischen den Sehnen des Fußrückens
B13	Tafel 4	Milz 10	2 Daumenbreiten über dem oberen inneren Rand der Kniescheibe
B14	Tafel 4	Leber 8	bei gebeugtem Knie am Ende der Kniegelenks- falte innen, vor dem Knochenvorsprung
B15	Tafel 4	Milz 6	3 Daumenbreiten über der Spitze des inneren Fußknöchels, an der hinteren Kante des Schienbeins
B16	Tafel 4	Niere 7	vom Punkt zwischen der Spitze des inneren Fußknöchels und Achillessehne, 2 Daumenbreiten aufwärts
B17	Tafel 4	Niere 3	zwischen der Spitze des inneren Fußknöchels und Achillessehne in einer Vertiefung
B18	Tafel 4	Milz 5	vor und unterhalb des inneren Fußknöchels in einer Vertiefung
B19	Tafel 4	Niere 1	auf der Fußsohlenmitte in einer Vertiefung unterhalb des Großzehenballens
B20	Tafel 4	Milz 3	an der inneren Seite der Großzehe, an dessen Grundgelenk. Beinwärts auf der Höhe zwischen roter und weißer Haut

Punkt	Tafel	Chinesische Bezeichnung	Wie finde ich diesen Punkt?
K1	Tafel 3+2	Lenkergefäß 20	auf der Mitte des Schädeldachs, wenn man die Ohrspitzen nach oben verlängert
K2	Tafel 3+2	Lenkergefäß 19	1$\frac{1}{2}$ Daumenbreiten hinter K1
K3	Tafel 2	Lenkergefäß 16	1 Daumenbreite über dem Haaransatz hinten in der Mitte des Nackens, direkt am Schädelknochen-Unterrand
K4	Tafel 2	Galle 20	am hinteren Schädelrand: zwischen dem Kopfwendermuskel und dem Kapuzenmuskel/oder 3 Daumenbreiten hinter dem Kieferwinkel, der sich unter dem Ohrläppchen befindet.
K5	Tafel 1+3	Dreifacher Erwärmer 23	in einer Vertiefung neben dem äußeren Ende der Augenbraue
K6	Tafel 1+3	Magen 7	vor dem Ohr, am unteren Rand des Jochbeins vor dem Knochenvorsprung des Unterkiefers
K7	Tafel 1+3	Magen 6	wenig vor und oberhalb vom Unterkieferwinkel
K8	Tafel 1	Dickdarm 20	am unteren äußeren Rand des Nasenflügels in einer Vertiefung
K9	Tafel 1	Lenkergefäß 26	Mitte der Oberlippenspalte
K10	Tafel 3	Galle 1	$\frac{1}{2}$ Daumenbreite seitlich vom äußeren Augenwinkel in einer Vertiefung
K11	Tafel 3	Dünndarm 17	hinter dem Kieferwinkel am Vorderrand des Kopfwendermuskels unter dem Ohrläppchen
K12	Tafel 2	Lenkergefäß 14	unterhalb der Spitze des (großen) 7. Halswirbels an der Nackenbasis
R1	Tafel 1	Konzeptionsgefäß 23	in einem Grübchen 1 Daumenbreite über dem Adamsapfel
R2	Tafel 1	Konzeptionsgefäß 22	in der Grube direkt oberhalb vom Brustbein
R3	Tafel 2	Blase 17	1$\frac{1}{2}$ Daumenbreiten seitlich vom 7. Brustwirbelkörper
R4	Tafel 1	Konzeptionsgefäß 18	in Höhe des 3. Zwischenrippenraumes auf der Mitte des Brustbeins
R5	Tafel 1	Konzeptionsgefäß 17	auf der Mitte des Brustbeins in Höhe der Brustwarzen (4. Zwischenrippenraum)
R6	Tafel 1	Konzeptionsgefäß 15	7 Daumenbreiten über dem Bauchnabel
R7	Tafel 1	Konzeptionsgefäß 14	6 Daumenbreiten über dem Bauchnabel

Punkt	Tafel	Chinesische Bezeichnung	Wie finde ich diesen Punkt?
R8	Tafel 1	Konzeptions-gefäß 13	5 Daumenbreiten über dem Bauchnabel
R9	Tafel 1	Konzeptions-gefäß 12	4 Daumenbreiten über dem Bauchnabel
R10	Tafel 1	Konzeptions-gefäß 11	3 Daumenbreiten über dem Bauchnabel
R11	Tafel 1	Konzeptions-gefäß 8	direkt auf dem Bauchnabel
R12	Tafel 1	Konzeptions-gefäß 6	1$\frac{1}{2}$ Daumenbreiten unter dem Bauchnabel
R13	Tafel 1	Konzeptions-gefäß 4	3 Daumenbreiten unter dem Bauchnabel
R14	Tafel 1	Konzeptions-gefäß 3	4 Daumenbreiten unter dem Bauchnabel
R15	Tafel 1	Konzeptions-gefäß 2	direkt am oberen mittleren Schambeinrand
R16	Tafel 1	Lunge 1	direkt vor der „Schulterkugel" vorne unter dem Schlüsselbein in einer Mulde
R17	Tafel 1	Gallenblase 24	in einer vertikalen Linie direkt unter der Brustwarze eine Daumenbreite oberhalb des Rippenbogens, im 7. Zwischenrippenraum
R18	Tafel 3+1	Leber 14	in einer vertikalen Linie direkt unter der Brustwarze zwei Daumenbreiten oberhalb des Rippenbogens, im 6. Zwischenrippenraum
R19	Tafel 3+1	Leber 13	am freien Ende der 11. Rippe
R20	Tafel 1	Gallenblase 25	am freien Ende der letzten = 12. Rippe
R21	Tafel 1	Magen 25	2 Daumenbreiten seitlich vom Bauchnabel
R22	Tafel 2	Blase 13	1$\frac{1}{2}$ Daumenbreiten seitlich vom 3. Brustwirbelkörper
R23	Tafel 2	Blase 43	3 Daumenbreiten seitlich des 4. Brustwirbelkorpers
R24	Tafel 2	Blase 15	1$\frac{1}{2}$ Daumenbreiten seitlich vom 5. Brustwirbelkörper
R25	Tafel 2	Blase 18	1$\frac{1}{2}$ Daumenbreiten neben dem 9. Brustwirbelkörper
R26	Tafel 2	Blase 23	1$\frac{1}{2}$ Daumenbreiten seitlich des 2. Lendenwirbelkörpers

Tafel 1
Vorderansicht

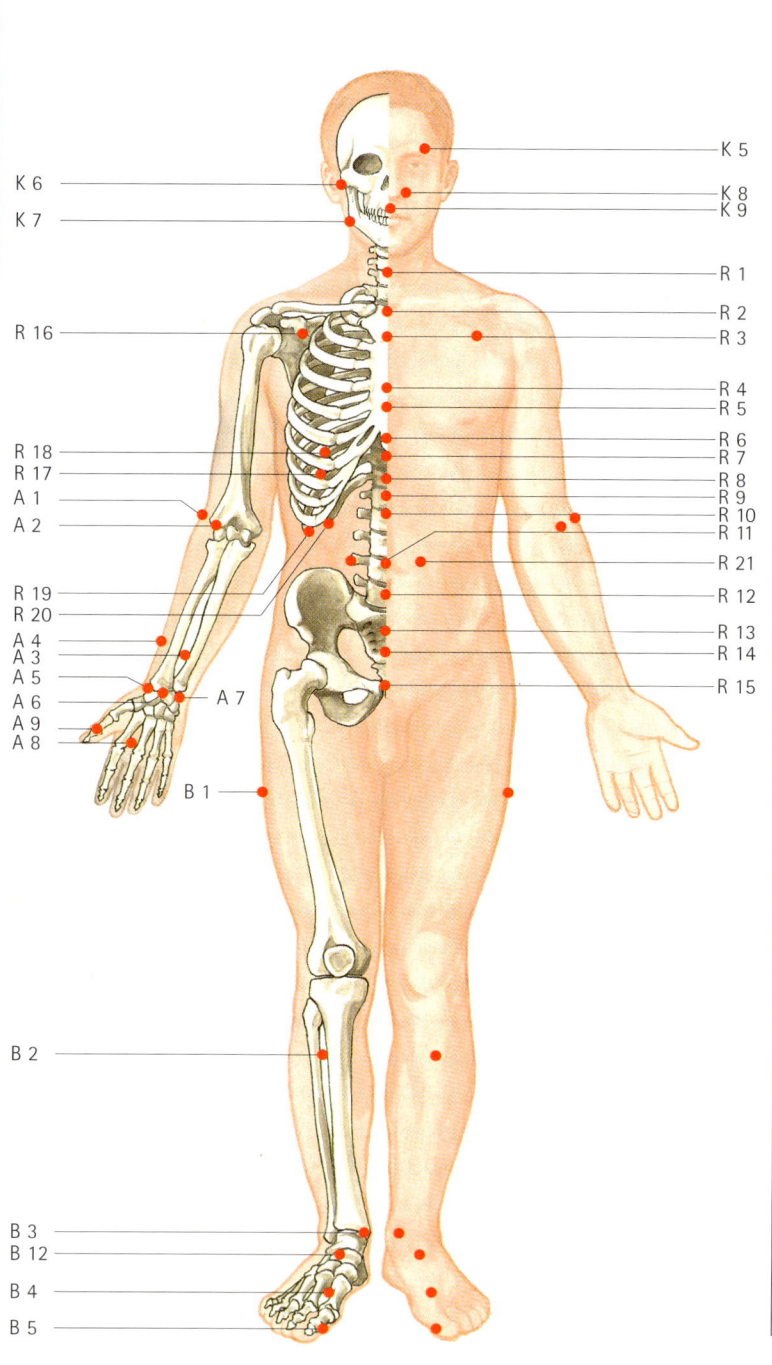

K 5

K 6
K 8
K 9
K 7

R 1
R 2
R 16
R 3

R 4
R 5

R 6
R 18
R 7
R 17
R 8
A 1
R 9
A 2
R 10
R 11

R 21
R 19
R 20
R 12
A 4
A 3
R 13
A 5
R 14
A 6
A 7
A 9
R 15
A 8

B 1

B 2

B 3
B 12
B 4
B 5